全国小学生校园美文精品集萃丛书

七色阳光
小少年

你好，春天

《语文报》编写组 编

时代文艺出版社

图书在版编目（CIP）数据

你好，春天 /《语文报》编写组编. —长春：时代文艺出版社，2018.8（2023.6重印）
（"七色阳光小少年"全国小学生校园美文精品集萃丛书）

ISBN 978-7-5387-5876-4

Ⅰ. ①你… Ⅱ. ①语… Ⅲ. ①作文－小学－选集 Ⅳ. ①H194.4

中国版本图书馆CIP数据核字（2018）第116992号

出 品 人　陈 琛
产品总监　郭力家
责任编辑　刘 兮
装帧设计　孙 利
排版制作　隋淑凤

你好，春天

《语文报》编写组 编

出版发行 / 时代文艺出版社
地址 / 长春市福祉大路5788号　龙腾国际大厦A座15层　邮编 / 130118
总编办 / 0431-81629751　发行部 / 0431-81629758
官方微博 / weibo.com / tlapress
印刷 / 北京一鑫印务有限责任公司
开本 / 700mm×980mm　1 / 16　字数 / 153千字　印张 / 11
版次 / 2018年8月第1版　印次 / 2023年6月第8次印刷　定价 / 34.80元

图书如有印装错误　请寄回印厂调换

目 录

春天是一首诗

001

废墟下的阿曼达

尊严

爱，一直在这里

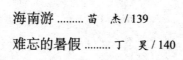

因为有梦

春天是一首诗

　　春天到了，柳树吐出了嫩芽，桃花、迎春花的花骨朵儿挂满枝头，像小小的灯笼在枝头闪着亮光，像一个个小娃娃在枝头嬉戏打闹着……

你好，春天

赵子杰

春天，是一个美丽的季节，在这个季节，万物复苏。很多人把春天和美景联系在一起，在我看来，这一点儿都不假。

春天，太阳非常温和，再加上拂面而来的春风和美丽的景色，真的是天堂般的美啊！春天，山上的积雪慢慢融化，雪水温柔地滋润着大地。小草的种子经过了一个冬天的沉睡，闻到了春天的气息，立刻来了精神，奋力向上发芽。终于，小草探出了它的头，伸伸懒腰，揉揉眼睛，好奇地看着这个世界，看小朋友们快乐地玩耍，看山下的车水马龙和高楼大厦。你们有没有注意到，小草也是一种美景，和其他美景构成一幅整体的图画。想想看，如果没有小草，树木和花儿是多么的单调，有了小草，树木才显得高大，花儿才显得美丽。

除了为小草的美丽而陶醉，我更喜欢它的精神，很多人从它的身上踩过，而它只是弯一下腰，没过几秒，立刻就直起了腰，真是太坚强了！

我爱小草，更爱美丽的春天，我愿变为一棵小草，去感受美丽的春天。

春天是一首诗

邢亦宣

我喜欢炽热的夏天，喜欢凉爽的秋天，喜欢寒冷的冬天，但我更喜欢生机勃勃的春天。

春天到了，柳树吐出了嫩芽，桃花、迎春花的花骨朵儿挂满枝头，像小小的灯笼在枝头闪着亮光，像一个个小娃娃在枝头嬉戏打闹着。站在桃树旁，耳畔似乎响着银铃般的笑声，感觉春姑娘就在你的身旁。小草从地里探出头来，努力向上舒展着自己的身体，比赛似的把自己往高拔。我情不自禁地想起那句"等闲识得东风面，万紫千红总是春"。

003

"沙沙，沙沙……"传来了一阵轻柔的雨声，这如牛毛般的细雨轻轻地下着。雨点落在地上，没有一点儿声音，仿佛不忍心打疼大地、不忍心吵醒小动物似的。小朋友们笑得更欢了，依然在细雨中欢快地玩耍着。雨停了，空气中夹杂着泥土的芬芳，沁人心脾。这的确是"好雨知时节，当春乃发生"。

同学们三个一群五个一伙去公园踏青。一路上，柳树的长辫子倒垂下来，嫩绿嫩绿的，散发出生命的活力。真是"碧玉妆成一树高，万条垂下绿丝绦"。

走进公园，只听见"叽叽喳喳"的叫声，就知道可爱的小燕子又

"搬家"了。瞧！天空中有一只"大燕子"，那边还有"蜈蚣"呢！呦，这不是"大老虎"吗？原来是几个小朋友在放风筝，迎着春风，风筝越飞越高，孩子们蹦蹦跳跳地追逐着。

春天是一首小诗，春天是一幅画卷。我爱这生机勃勃的春天。

我爱春天

康嘉贝

004

春姑娘踏着轻快的步伐来到了我们身边。

春回大地，万物复苏，柳树开始吐出嫩绿的树芽，小草也不甘落后，努力地向上挤，给大地妈妈披上了温暖的春装。风婆婆轻轻唤醒了还在甜美梦乡的小动物，告诉它们：春天来了！快点儿起床去做早操吧！燕子也从南方回来了，在田间轻快地追逐着风婆婆的脚步。

广场上，小朋友们唱着欢快的歌曲，放起了风筝。那风筝真是各式各样，有勇猛的"老鹰"，有可爱的"小鸡"，有温顺的"小羊"，有肥肥的"毛毛虫"，还有傻傻的"猪八戒"……一只只风筝在天空中飞舞着，高高的，好像快要钻进了云中，与云朵妹妹嬉戏着、打闹着，蓝天变成了风筝的海洋。

啊！我爱春天的景色，更爱美丽的春天！

春　雨

王孜竹

　　"滴答滴答……"你听，是谁的声音？哦，原来是春雨姑娘弹起了动听的琴声。"滴答滴答"，春雨姑娘的琴声召集来了无数的小雨点，它们在天空中嬉戏，在田野里打闹。

　　一滴调皮的小雨滴，飘啊飘啊，越飘越远，花儿向它招手，鸟儿向它点头，太阳哥哥和四季老爷爷手拉手，成了好朋友。可是后来，它飘到了沙漠，沙漠凶狠地伸出了手，一下子将小雨滴拉进了怀里，小雨滴还没来得及喊"救命"，就被无情地吞没了。

　　一滴听话的小雨滴，帮着春雨姑娘去慰问干枯的田野，它飘到田野，小草变绿了，庄稼更强壮了，农民伯伯乐得合不拢嘴。

　　"滴答滴答"，春雨姑娘的琴声还在回响，小雨滴们还要到更远的地方去旅行。渐渐的，春雨姑娘的琴声停了，天空架起了一座七彩桥，大地到处是一片生机勃勃的景象。

春　雨

张焓琳

似乎一夜之间，春天便悄悄地来了。

还未打开窗，淅淅沥沥的春雨便从天而降，包围着耳朵。雨声并不单一，有时传来玻璃与雨水碰撞的脆响，有时掺着几只小鸟的清鸣，有时还能听到雨水打在草叶上发出的沙沙声。

雨停了，远远看去，河面上升起一层牛奶般的薄雾，一直从河心升腾，升得比两岸的山都高，山色与雾色融合在一起，分不清哪里是山，哪里是雾。雾的势头很盛，把河岸一顿卷席，又浩浩荡荡地朝两岸涌过去，空蒙的山色，很有诗的韵味。

春雨唤醒了沉睡一冬的植物，油菜花漫山遍野肆意地笑着，像是耀眼的金沙撒在了山坡上，野菊花细长的花瓣骄傲地摇曳着。一些不知名的野花也东一丛、西一簇，星星点点地撒在草地上。桂花树的叶子被润得发亮，刚冒出头的嫩黄的小芽在枝上一动不动，可爱极了。地面上有好多小水洼，踩上去溅起的水珠，跳得高高的，落在裤腿上、鞋子上，沾得满身都是深色的春符。

春雨调出了春天的色彩，看吧，远山的蓝色、水雾的纯白、楼房的亮黄，还有松柏的翠绿、油菜的金亮，被春雨融在一起，少了冲撞的尖锐，多了一分婉转的柔和。

春天的雨，似乎是专门候着春天来临的，它让万物都早早地做准备，迎接万紫千红的春天到来。

我喜欢春天

姜志璐

"春天在哪里呀，春天在哪里……"我最喜欢春天了，每到春天，我就会唱着这首歌，去寻找春天足迹。

春姑娘身披彩带，带着明媚的阳光、艳丽的花朵，翩翩来到人间。勤快的小燕子是春的使者，第一个报春来了。它欢快地叫着，翘着剪刀似的尾巴飞到了迎春花旁边，催促着："花儿快开，春天已来！"于是，迎春花睁开了蒙眬的睡眼，为春光画了第一笔黄灿灿的色彩。春姑娘用柔嫩的手轻抚枝头，顿时，百花盛开，争奇斗艳。最引人注目的是那一片桃花，粉中透红，未开的像害羞的小姑娘，用双手遮住了小脸，却忍不住透过手缝悄悄往外瞧；开放了的像小宝贝天真烂漫的笑脸。勤劳的蜜蜂飞来了，在花丛中忙着采蜜；美丽的蝴蝶飞来了，在花丛中翩翩起舞。

柳芽舒展开黄绿眉眼，从枝头里钻了出来。柳枝像春姑娘的长发，随风起舞。燕子、黄莺、百灵鸟在枝头唱着婉转动听的歌："春天在这里呀，春天在这里……"

愉快的歌声唤醒了沉睡的大地。小草悄悄地从妈妈怀里探出了脑袋，越来越多，越来越绿，给大地披上了绿色的新装。躺在松软的草地上，看着几片白云在湛蓝的天空飘动，闻着沁人心脾的花香，感受着太阳公公慈祥的温暖，我醉了！醉倒在春的怀抱……

我喜欢千娇百媚、生机勃勃的春天，不只因为她鸟语花香、万紫千红，更因为我们就像春天的花朵，开放在祖国的怀抱！

"一年之计在于春"，同学们，让我们抓住生命的春天，努力学习，做21世纪的主人！

春 的 脚 步

张雪晴

一缕缕阳光洒向大地，显得那么明媚。微风迎面吹来，虽有几分寒意，但已不再凛冽。噢！春姑娘已迈着轻盈的脚步到来了。

下午，我走进集翠园，首先映入眼帘的是含苞待放的海棠，枝头上的小小花苞，有的傲然挺立，有的羞涩地藏在叶子下面，耐心地等待着根的喂养、叶的抚育。我知道春姑娘来过了，她用自己的法力使海棠长出了春蕾。

我沿着海棠边的小路步入园中，淡淡的青草香味扑鼻而来。俗话说："人不知春，草知春。"小草从那枯黄死去的母体旁钻出来，伸出了嫩绿的小脑袋好奇地窥视着这个世界。它是那么小，那么弱不禁风，仿佛一口气都会把它吹倒，可它却依然那么顽强，在微风中向人们点头微笑。

我来到河边，河岸两旁的小树开始抽出青色的枝条，它们在风中摇摆着，好像在向我招手，欢迎我的到来。不用猜，春姑娘一定在这儿，她亲吻着小树，小树发出了新芽。她抚摸了小河，河面融化了，河水清澈见底，潺潺的流水奏出了一曲春天的赞歌，我仿佛看见仙女般的春姑娘正随着这美妙的乐曲在河面上翩翩起舞。

忽然，一对小燕子从天空飞过，落在树梢上"叽叽喳喳"地叫着，仿佛在说："春姑娘你好！春姑娘你好！"

多美啊！我们随着春姑娘的脚步走进春天！

春

张佳怡

009

春节过后，大地复苏，天气渐渐转暖。树枝上长出点点嫩绿的新芽，像米粒似的。渐渐的，芽儿伸展开来，像花一样开放，变成嫩叶。呀！春天来了！

春节那几天，都是阳光明媚，可初十刚过，一向简朴的太阳不知从哪儿找来一副墨镜扮酷——天阴了下来。接着又下起了雨。别以为雨单单是透明无色的小圆点，其实如果你仔细观察，你会发现，当雨稍稍下大的时候，雨帘是由一条条细细的水线组成的。雨帘随着风的吹拂，时而斜向东，时而斜向西。

那天下午，我来到老屋。屋旁的小河水涨高了，没过了第三层石阶。岸边的枸杞叶子绿绿的、嫩嫩的，可以摘下来炒着吃了。我双手握着竹竿轻轻地摇动，几滴雨珠落在我脑袋上，我低头去擦，无意间竟发现在一层稻草中居然长出了两只小笋。春笋只露出小脑袋，正好奇地打量着外面的世界。

哦！这春笋不就是让人盼望的春天吗？

我最喜欢的季节

李天佑

010

谈到季节，有人会问我，你最喜欢的季节是什么？我会毫不犹豫地回答说："春天！"为什么呢？请听我慢慢道来。

在春天，一切都是生机勃勃、欣欣向荣的。

春回大地，万物复苏，天气渐渐变暖，冬爷爷也不知去向，而春姑娘也迈着轻快的步伐走来。看，小草绿了，花儿红了，柳树姐姐也染了发。人们脱掉了厚厚的棉衣，穿上了时髦漂亮的春装，冬眠的动物也都苏醒了过来……一切都是那么美丽，一切都是那么迷人，不再像冬天那样死板。

我陶醉在这美丽景色中，仿佛我就是春天的一花、一草、一景。我忍不住幻想，把自己种在春天里。我要变成小草，绿得生辉；我要变成小花，开得漂亮；我要变成柳絮和蒲公英，飞啊，飞啊，飞向遥远的地方……

此时此刻，好像时间都暂停了，眼前是一片新绿，还有几朵小花点缀着这幅画。

我看到了，小朋友们在广场上放风筝、跳绳……望着这样的景色，我心头涌起一种愉悦。

此时，我沐浴在春风中，想着："春天来啦！"我也该开始新的奋斗了！

有趣的夏天

马　玉

热辣辣的夏天，太阳无情地炙烤着大地，大地像一个蒸笼，热得让人受不了。大人们躲进屋里，不敢出来，可你们这些小孩子，依然在玩。

对于你们来说，夏天是一位可爱的小宝宝，她欢乐地蹦到你的怀里，尽情地撒着野；又忽地蹿到你脚下，让你带着她，漫游世界。她是那么的快乐，使你忘记了一切的忧愁，陪伴着她，欢呼雀跃。

你与她玩耍着，她又是那么调皮，一瞬间，便无影无踪。找了半天还找不到，这时，你一定急得满头大汗。她在哪里？

她在这儿呢！

你疾步向公园跑去。她就躲在这儿！啊，多么清澈的小河，这不是夏天的眼睛吗？多么翠绿的树木！这不是夏天的衣服吗？多么有趣、活泼的鱼儿，这是夏天的心在跳呀。你陶醉在这一片景色之中。夏天探出了可爱的小脑袋，十分顽皮地望着你，笑了。

你向她跑去，而她却又悄悄地站在你的身后。你回过头来，她立刻避开了你的视线，你只隐隐约约地看见一个影子，在你的身后忽闪。

你用手从身后包抄过去，捉住了。她终于没有办法再次逃脱，只得乖乖地跟着你，一副懊丧的样子。你哭不得笑不得："好了，别生气了。"

她点点头，好像懂事多了。

夏天，是一位活泼快乐的小姑娘，可她不免也有点儿像男孩子。她会吹口哨，也会光着脚爬树，像一只猴子那么灵巧。当你批评她的时候，她依然那么无所谓，依然挺着胸脯，吹着口哨。

美丽的夏天，有时可是十分温情的。

当你跳到河里游泳的时候，她变成了洁白的浪花，让你有一种安全感。当你出去纳凉的时候，她化为一阵清风，吻着你通红通红的面颊，拉着你小小的衣襟，吹拂着你的长发。

夏天还给你带来了许多东西：有没完没了唱歌的蝉，有夜里弹琴的蛐蛐……

夏天像一位诗人，但这些诗都不押韵，都没有诗情画意。她所仅有的，是火热、真挚的感情，有了这两点，你就会觉得，这些诗是美好的。

哦，你喜欢夏天，因为是那么的有趣。

秋天的颜色

李 佳

秋天，不是百花盛开的季节，却有独特的美，我爱秋天，尤其爱它绚丽多姿的色彩。

我爱秋天蓝蓝的天空，秋天的天空蓝得可爱、纯净，一丝云也没有，让人们感到心旷神怡。

秋天的绿也很特别，绿得发亮，让人想起光滑的翡翠，这独特的绿，悄悄地给秋天添上了几分妩媚。

秋天的花儿不多，菊花和桂花却愿意在秋天时奉献浓郁的花香和缤纷的色彩。菊花的种类很多，有凤尾菊、墨菊、金菊……它们竞相开放，一比高低。桂花是金黄色的，小巧玲珑的花朵掩在浓浓的绿叶中，格外好看。当一大片金黄的桂花展现在你的眼前，你一定会感到秋天的美不是平常的美，而是充满丰收喜悦的美。

秋天的稻田，一片金黄，一阵微风吹来，稻田翻起了金色的细浪。果园里，树枝上挂满了沉甸甸的果实，有清香诱人的大鸭梨，有红彤彤的大苹果，有甜滋滋的蜜橘，还有酸溜溜的葡萄……秋天，是一个收获的季节。

秋天到底是什么颜色，是蓝的？是绿的？是红的？是紫的？还是黄的？噢，秋天是五彩斑斓的。

013

我爱冬季

郭凌秀

四季之中，我最爱的是冬季。

为什么呢？因为冬天没有烦人的苍蝇、蚊子，没有让人难受的燥热！

我爱冬天，不仅仅因为这些，最重要的是因为冬天会下雪哩！

雪飘飘洒洒地落下来，像春天飞舞的柳絮，又像一点点撒下来的棉花糖，也像落英缤纷时的花瓣，甚是美丽。

雪不仅美丽，也可以帮助农民伯伯消灭害虫，湿润土地。民间有"瑞雪兆丰年"一说。这些，都是冬天赐予的。

下雪了，孩子们就有的玩了。

松松软软的雪，可以做成雪砖，多了的话还可以建座雪屋呢！多好玩呀！女生堆雪人，滚一个大雪球，滚一个小雪球，再滚一个大雪球，把它们堆起来，再加上两只煤球眼睛、一个萝卜鼻子、一个辣椒嘴、两根木棍手，萌萌的！男生打雪仗，便是捡些雪，捏成小球，向其他人砸去。砰！中了，那人又砸回来，哗！没中，倒砸中一群女生，然后又被一群女生群砸。虽然总是免不了被砸，但依旧很开心；虽然总是免不了被追打，但是仍旧是那么快乐！

我爱冬季。

春天的赞歌

马 明

你悄悄地走来，带来了生机，带来了朝气，你向人们展开了一幅绚丽的图画。

你悄悄地走来，走近大地，用蒙蒙细雨把所有生命轻轻地唤醒。

你悄悄地走来，走进树林。树林像个孩子，在你的怀抱里慢慢地张开已沉睡一冬的眼睛。它的生命，又一次站在了新的起跑线上。

你悄悄地走来，走进花丛。花儿把那娇媚迷人的面孔绽开：有的洁白如玉，有的金黄灿烂，有的粉红像霞……它们那样楚楚动人，那样婀娜多姿。它们的芳香使人如痴如醉。花儿们在风中摇曳，跳起动人的舞蹈，唱起了春天的欢歌。

你悄悄地走来，走近了河塘，把冰层敲开，把鱼儿唤醒。

你悄悄地走来，攀上了树梢。小燕子跳起了舞，黄莺唱起了歌。

叽、叽、叽……

喳、喳、喳……

啊，一曲春天的赞歌从树梢传来，它是那样动听，它是那样悦耳。

你悄悄地走来，走进稻田，走进果园……你走到哪里，哪里就美丽迷人！

我喜欢你，喜欢这万物复苏、鸟语花香、朝气蓬勃的春天！

015

四季的声音

肖静娴

你一定会听见的。当春姑娘吹着口哨向我们走来；当微风轻轻地为柳树姐姐梳头；当小溪流从冰被子里钻出来，叮叮咚咚地敲着小鼓叫醒别的溪流；当小朋友在书香弥漫的教室里朗读……你总该听到些什么了？

你一定会听见的。当夏哥哥坐着隆隆的雷车来到人间，当小雨点在屋檐上丁零当啷弹奏着一串串动听的乐曲，当小青蛙在荷叶上呱呱地唱歌，当小鱼跳出水面呼吸新鲜空气，当小朋友在游泳池里溅起水花……你总该听到些什么了吧？

你一定会听见的。当秋阿姨唱着丰收的赞歌向我们走来，当片片枫叶从空中飘落，当农民伯伯在田地里收割谷子……你一定听到了那丰收的喜悦。

你一定会听见的。当冬爷爷坐着神奇的飞毯，吹着呼呼的北风来到人间；当洁白的雪花为大地盖上白被子；当小动物们发出冬眠的鼾声；当小朋友们在雪地里打雪仗……你一定听到了那幸福的欢笑声。

用心听吧，你一定会听见的。然后你会微笑：我们这个世界的声音是多么丰富、多么美妙。

016

春天狂想曲

顾　晨

知道吗？我只要一戴上那顶白绒边的粉红小丝帽，就可以抱着水晶球骑着扫帚在天空中飞。

其实我是一个小女巫。

真的，我可将天上的星星穿成一串最美丽的项链，送给参加舞会的灰姑娘；我还可以将雪花全变成馅饼和巧克力，让卖火柴的小女孩儿不再饥饿。

不过，更多的时间我要到大海里去，带上四季中最美丽的花瓣，送给海的女儿。也许我还无法理解她的悲哀，但至少我可以用无语的倾诉换取满枝的落花，让花瓣点缀她的长发。海水轻漾，我知道这片湛蓝荡漾着她美丽的胴体已千年，但千年的叹息却依然追逐着她看不见摸不着的灵魂。

摘下小帽子，失去魔法的我落在了一棵桃树上。如果有一天你看见一位坐在树杈上脚蹬小皮靴冲你笑的小女孩儿，没错，那就是我。我会伴着片片飞红为你吹一首曲子，名字就叫——《春天狂想曲》。

春 之 画

曹 勇

我喜欢银装素裹的冬日，喜欢硕果累累的秋天，喜欢百花争妍的夏日，但我最喜欢的却是生机勃勃的春天。

冬伯伯悄悄地走了，美丽的春姑娘轻盈地走来了。

春风轻轻拂过，使人感到阵阵暖意；春雨密密地斜织着，像牛毛，如细丝，似花针；小草偷偷地钻出了地面，嫩嫩的，绿绿的；柳树随着春风扭动着柔软的腰肢，甩动着千万条发丝，翩翩跳起春之舞；迎春花开了，那黄色的花朵，真美；大雁排着"人"字或"一"字形的队伍正往北方飞去；小燕子时而在蓝蓝的天空飞翔，时而飞下来，横掠过河面，偶尔点了一下水面，就会有波纹一圈圈地荡漾开去；鸭子在小河里自由自在地游着，它们"嘎嘎"的叫声，好像是在朗诵春天的赞美诗；青蛙也从冬眠中醒来了，跳到草地上，嘴巴鼓着，"呱呱"地唱着浑厚的歌曲……

春天来了，小朋友们脱下厚厚的羽绒服、棉衣，穿上了五颜六色的衣衫，在校园里游戏着、追逐着，他们犹如春天里的小燕子……

这是一幅多么美丽的春之画啊！

日落

  阳光已不再刺眼，发出诱人的红，就像樱桃红般柔和，原来它也有温柔的一面。周围的云被染成了淡淡的粉色，好似仙女飘逸的飘带。此时的太阳就像一个害羞的小姑娘，红扑扑的脸庞格外美丽。

日　落

史英娇

　　我站在一座小山上，看着活跃了一天的太阳渐渐向下滑落，结束光辉的一天。

　　阳光已不再刺眼，发出诱人的红，就像樱桃红般柔和，原来它也有温柔的一面。周围的云被染成了淡淡的粉色，好似仙女飘逸的飘带。此时的太阳就像一个害羞的小姑娘，红扑扑的脸庞格外美丽。

　　它慢慢下降着，可又似乎被人间的美景吸引，想多看几眼，时而短暂地停顿着。天边就像一幅五彩斑斓的油画，一片粉红渲染了天空，可丝毫不觉得单调。有些慢慢变成了紫红，就像人生的中年期，多了一丝稳重，多了一分精彩。最远处还是淡淡的粉红，如荷花的红一般，就像人生的少年期，多了一丝纯真，多了一分稚气。中间大片的是桃花般的红，比粉红多一丝深厚，比紫红多一分激情。这就是人生最为精彩的青年期吧，充满青春与活力，装点着人生。

　　顷刻间，太阳已越来越接近山边，我眼睛一眨都不眨，生怕一不留神就让太阳溜走了。它像个调皮的小孩子，轻轻一跳，就躲在山下，留下的只有那多彩的晚霞。

　　好美的一幅画！能静静地在这里观赏日落，也是一种幸福！

家乡的小河

王楠楠

我的家乡在河南省的一个小山村，村前有一条小河，它美丽温柔，记录着我童年点点滴滴的欢乐。

春天来了，小河边的小草开始发芽，嫩黄的脑袋从黑色的土地里探了出来，身旁是它母亲淡淡的足迹。倘若这时下连阴雨，并且下得时间长，小草的旁边有时就会长出一种被我们称为"丽菌"的菌体——很小，却非常好吃，包在菜包子里，那味道就甭提有多香了，但很少长出。从我记事到现在，记得只有两年出过。在别的地方，很难找到它。

夏天是小河最热闹的时候。清澈见底的河水旁边总少不了垂钓者的身影，而渔翁则在深水处撒网。在水草多的地方，有人逮螃蟹和虾。半深不浅的地方，时常浪花飞溅，那是一些调皮的小孩儿在洗澡、打水仗。草地上，放羊的少年在"地洞"里下棋、打扑克。"地洞"是这些放羊的孩子们闲了没事，在地下挖的避太阳的洞，只能容下三四个人，多挖在陡坡上，以便看好羊，在里面下棋或打扑克舒服得很。

秋天，这里最富有。只要看见河边附近有烟，跑到那里准能吃上烧熟的苞谷或黄豆。苞谷被烧得灰不溜秋，别以为不卫生，你只管拿着吃，它是在火上烧的，还怕有细菌吗？这里的人很大方，无论谁在吃，只要看到你，他总会热情地邀请你一同享用。黄豆又脆又香，花生就更随便了，河滩地多种花生，你想拔就拔，生吃熟吃都行。还有红薯等，好吃的东西多极了。

冬天，这里富有情趣。河面结了一层很厚的冰，一些小朋友在鞋底垫上块木板，在冰面上滑冰，有的人则去逮鱼。你也许会问，天寒地冻的，哪里有鱼？这下你可错了，这时才是逮鱼的好机会，因为天冷了，大鱼都藏在泥里，只露个背。它们这时"傻"极了，用手把它抓起来，它也只是摆下尾，直到提出水面，在岸上它才挣扎了起来。若嫌冻手，用网兜也可以。

小河，她像一位温情的小姑娘，给我们带来了无限乐趣。

022

梦中的孤山

王东东

孤山坐落在泾县的一个小镇边。因为它在周围山群中最高，所以"山"字的前面加了个"孤"字。那个小镇便叫孤峰镇。

几年前的寒假，我曾跟爸爸去过那儿。我去时，那座山很绿，太阳刚为它脱去了白色的雪衣。它显得格外年轻，充满蓬勃的活力。

传说很久以前，这里有一条大蛇。每到清晨，它把整个山盘起来，头伸到河里去喝水。一天有两个上山砍柴的人走累了，坐下休息，还不知道屁股下有条蛇。当蛇准备吞掉俩人时，来了一只有魔力的鸟赶走了蛇。听姑妈说鸟一生气，整个泾县就会发洪水。孤山这思考问题的老者大概就是思考怎样让鸟高兴，好保护生灵不受灾害吧！

　　孤山的身上长了许多竹子，高大而粗壮。竹子底下有竹笋。我和表哥经常上山挖笋。孤山高兴了赏我们几个笋，有时不高兴我们只得空手而归——孤山脾气还挺怪呢！

　　山脚太阳照不到的地方有个小塘。我去塘边玩，它不跟我玩，自己冻住了。我想：不跟我玩算了，你的冰冻不照样让我敲吗？我捡了块石头敲着冰冻，那声音在山中跑，多好听的音乐呀！我当时要有录音机一定把它录下来。

　　塘的对面有只小松鼠正在打开薄冰喝水，十分可爱。表哥说我来得不是时候，若是寒冬腊月来，塘里的冰很厚，在上面滑冰可带劲啦！我却不同意地告诉他，现在也不错呀！说完，随手将敲开的冰块砸到冰面上，哈哈，一滑老远，真有趣……

　　孤山真叫人流连忘返，我恨不得将家搬去住。虽然已几年没去孤山，但它却常常走到我的梦里来。

家有萌宠

郭瑾萱

　　我家有一只萌萌的宠物，它是一只小鸭。这个小精灵特别可爱，小小的脑袋上面有两颗黑宝石似的小眼睛，亮晶晶的。它的眼睛下有一张又宽又扁的嘴巴，叫起来"嘎嘎"的。它嘴上有两个小枣一般大

日落

小的鼻孔。细细的脖子上像披了一条花围巾。圆鼓鼓的肚子使它走起路来扭来扭去！它的脚长得很奇特，细细的脚趾中间还有一层蹼。

小鸭吃饭可有趣了！一天早上，我趁小鸭不注意，就偷偷地跟踪它，想观察它吃饭的样子。小鸭警觉地查看了四周，好像是怕别人看到它吃饭的傻样子。发现四周没人，小鸭一下就把头埋进食物中，它的屁股翘得高高的，还不停地扭来扭去，样子可真滑稽。它吃饱了，又撅起屁股喝水。不料，一不小心栽进了水里，跌了个四脚朝天，傻傻的样子让人忍俊不禁。

妈妈告诉我，游泳是小鸭与生俱来的本领，谁都比不过它！可是我一直都不相信，那天，我想试探一下小鸭的游泳本领，就找来一个大盆，里面装满了水，然后把小鸭抱出来，打算亲自出马来教它游泳。没想到，刚刚把它放进水里，它就扑棱棱华丽地游了起来，让我惊叹不已，果真是天生的游泳健将！

小鸭还有个外号叫"警犬"。有一回，妈妈让我去小卖部买东西，我一路上蹦蹦跳跳，小鸭也兴奋地"嘎嘎"乱叫。进入商店，准备付钱的时候，我一摸口袋，糟糕！我的钱丢了！我正着急呢，"嘎嘎"，小鸭冲我叫着，再仔细看去，它的嘴里居然咬着我丢的钱。小卖部的叔叔笑着逗我："你这是带着警犬出门的啊！"从此以后，小鸭的外号就这样产生了。

我喜欢我的小鸭！

我喜欢的动物

刘 桥

　　"粽子头，梅花脚，屁股挂把弯镰刀，身穿黑白花皮袄，坐着反比站着高，走起路来画梅花，从早到晚看着家，看见生人汪汪叫。"你们猜，它是谁？没错！它就是外公家的小狗，我给它起了名字，叫"小黑"。

　　小黑的眼睛黑黑的，像两颗黑色的珍珠，嘴巴小小的，鼻孔又黑又大，就像一颗又黑又大的宝石上开了两个黑黑的洞，脚底有一层又厚又肥的肉垫。它每天在院子里看家护院，见到陌生人就汪汪叫，经过的路人都很害怕。

　　小黑睡觉时喜欢把头藏在腰间，趴在火炉跟前，不一会儿就睡着了。有时我闲得无聊，逗它玩，给它挠痒痒，它也没反应。

　　小黑很贪吃。有一次，我拿一根骨头在它眼前晃来晃去，它目不转睛地盯着骨头，一场"夺食"大赛开始了！它向前扑，我向后躲。就这样反复好几次，它显然不耐烦了，趴在地上，"汪汪"叫了几声，好像在说："我不和你玩了，不管你耍什么花招！"看到小黑委屈的样子，我不再欺负它了，便把骨头放下。它见了，又叫了两声，好像在说："好吧，我原谅你了。"然后便开始狼吞虎咽地吃了起来。

日落

这就是外公家活泼可爱的小黑，你喜欢吗？

我喜欢的小狗

刘　珊

　　小时候，我特别喜欢小狗，可爸爸妈妈都不同意在家里养狗。我和弟弟一直软磨硬泡，爸爸妈妈见我们如此喜欢，也只好向我们投降了。

　　有一天，我和弟弟放学回到家，还没进门，就听到了家里"汪汪汪"的叫声，我俩高兴地都跳起来了。进门一看，真的是一只小狗！它穿着一身黄色的外衣，眼睛像两颗晶莹剔透的黑宝石。它的鼻子十分特别，像被粉红色的油漆染过似的，鼻孔小小的，惹得我直想摸摸它那湿湿的鼻子。它的尾巴不停地摇来摇去，尾巴尖上还有一小撮杂毛。我觉得它是世界上最可爱的动物。我和弟弟商量了大半天，因为它虎头虎脑的样子，决定叫它"小虎"。

　　小虎睡觉时很可爱。它最喜欢在有太阳的地方睡觉，一边晒太阳，一边睡觉，不时还伸个懒腰，然后打个哈欠，便像小猪一样呼呼地睡着了，真是一只大懒狗。

　　小虎睡觉的时候很安静，可是一醒来就开启了"疯狂模式"。有时，院子里的花草会引来漂亮的蝴蝶，小虎发现以后，兴奋得不得了，一直追着蝴蝶跑。如果抓不着，便向我跑过来，直直地站起来，前爪放在胸前，像是给我拜年似的，求我帮它捉蝴蝶。特别有趣！

小虎不仅贪玩，而且还很贪吃。它只要看见我手里有食物，便立马变成癞皮狗，追着我不放。我把食物往上高高一提，它就高高地跳起来，尾巴着急地摇个不停，然后又使出它的必杀技——卖萌，那可怜的眼神仿佛在说："主人，别逗我了，我快饿死了。"每次它一使出这招，我就只好无奈地喂给它吃。

有一次，我补完课回来，想要换拖鞋穿，发现我的一只拖鞋不知道跑哪里去了。我满屋子寻找，东找找，西找找。这时，听见小虎"汪汪"的叫声，我循着声音走去，原来小虎被困在了床底下，我用力把它拉出来，才看见小虎嘴里叼着的，正是我遍寻不到的拖鞋。看着这调皮的小家伙，我真是哭笑不得。

这就是调皮、乖萌的小虎，你们喜欢它吗？

淘气的小皮

李彦文

我家有一只可爱的小狗，它的名字叫"小皮"。它浑身棕黄色，两只尖耳朵竖在圆圆的脑袋上，黑溜溜的眼睛不时地眨巴着，显得十分顽皮。

一天傍晚，我带着小皮到楼下溜达。远远的，我看见一个八九岁的小女孩儿向这边走来。这下，小皮可发"狂"了，蹦蹦跳跳地向那小女孩儿跑去。跑到小女孩儿身边，小皮高兴得直撒欢，趴在那小女孩儿腿上。小女孩儿被小皮这突如其来的举动吓坏了，"哇"的一声哭了起来。我只好将小皮抱起来拴在椅子上，然后哄那小女孩儿："别哭了，这小狗不会咬人。它对你是好意呢！"哄了半天，小女孩儿终于走了。可小皮还坐在椅子上，圆溜溜的一双眼睛莫名其妙地望着我。我无奈地摇摇头，把它领回了家。

关于小皮的趣事还有好多。你喜欢它吗？

我家有只波斯猫

马红音

028

奶奶送了我一只可爱的、刚满月的波斯猫。它胖胖的、圆滚滚的，披着雪白雪白的长毛，用手一摸，软软的、暖暖的、滑溜溜的，像一个小白绒球。它虽然才刚满月，却长着长长的胡子，一抖一抖的，又神气又漂亮。我很喜欢它，于是就给它起了个高贵的名字——白雪公主。

白雪公主一来我家，就急着要"小解"，我只好把它领到卫生间的一个角落里。它可真讲卫生，就这么一次，每次大小便它都会不声不响地溜到那里去。过了几天，它身上有点儿脏了，我就想给它洗个澡。刚开始，它还有些反抗情绪，当我给它揉洗发水时，它就显出很舒服的样子，任凭我摆布了。

它很活泼、很贪玩，一个线团，一个乒乓球，它都会高高兴兴地玩上一阵子。你瞧，它先好奇地把线团打量一番，见线团很"老实"，它的胆子就大了起来，开始滚线团，越滚越欢，有时还机警地向四周望一望。

白雪公主也有惹我生气的时候。有一次，我把写好的作文放在桌上就出去了，可回来时，那张作文已经被它撕碎了，而且碎得不可收拾。我真想狠狠地教训它一顿，可一见它那可怜巴巴的样子，心一软，就饶了它了。它则跳上桌子，一会儿围着我不停地叫，一会儿舔我的手，好像在做检讨，又好像在安慰我。

后来，白雪公主被爸爸送人了，可我却忘不了它那可爱的样子和举动。

可爱的咪咪

李望达

029

有一天，我妈妈从姨妈家带回了一只小猫，我给它起名叫"咪咪"。

咪咪最喜欢玩"抓球球"的游戏，它玩的时候，抓一抓，看一看，然后再滚一滚。忽然，球从高处滚下去了，咪咪"嗖"地一下就跑向角落，然后缩着身子，四处张望，仿佛干了坏事害怕挨打一样。

咪咪经常跟在人左右，还时不时地抓你几下。如果你火了训它几声，它会立刻就跑，还因为跑得急，好几次撞到了椅子上，可是一会儿，它又到你身旁抓来抓去。因为咪咪爱抓来抓去地玩，我家的沙发都让它抓得到伤痕累累，妈妈很心疼，我却不以为意。

咪咪可馋了，只要看见我们吃饭，它就跑过来仰着头"喵喵"地

日落

叫，如果你不赶紧给它点儿吃的，它就会蹦过来蹦过去、跳上来跳下去，直到你把饭也给它点儿，它才会安分一些。

咪咪小时候最爱吃的是火腿肠，长大点儿后它最爱吃的是"糖泡小黄鱼"。它吃的时候可好玩了，一边吃，还一边"喵呜喵呜"地叫着，仿佛在说："嗯嗯嗯，糖泡小黄鱼真好吃，我还要。"

我家的咪咪真可爱！

雪　儿

李子清

雪儿是我家的一只小猫咪，因为全身雪白，所以，我给它起名叫"雪儿"，它是一只很有趣的猫。

雪儿爱看电视，你说好玩不好玩。起初，雪儿很贪玩，一到晚上，只要不下雨，它就会从我家的围墙跳过去到外面溜达，天快亮了才回来，总是把一身雪白的毛弄得脏兮兮的，气得爷爷把它关"禁闭"。但是，雪儿每次被关了"禁闭"之后，情绪就会很低落，连饭也不好好吃了。爷爷只好另想办法。最后决定在它脖子上套个圈，拴在窗子边上。雪儿天天蹲窗台，居然学会了看电视！一天晚上，我们一家人正在看电视，雪儿突然跳了上来，蹲在窗台上，也一本正经地看电视，圆溜溜的黑眼珠一动不动的，还不时把脑袋歪过来歪过去。我伸手想捂住它的眼睛，没想到它竟毫不留情地伸出爪子，抓了我一下。

雪儿脾气可大啦，如果谁惹了它，它就要发脾气。有一天，奶奶上楼拿东西，没注意雪儿也跟了上去，奶奶拿了东西便关上房门走了，雪儿在里面没吃没喝，一直被关了两天。我们找来找去，终于把雪儿从房间里"解救"出来。谁知雪儿一看见奶奶，立刻发起脾气来：竖起尾巴，弓起背，小眼睛瞪得溜圆。这一下把我们全家都逗乐了。嘿，这小东西！

最有趣的要数雪儿"邀功请赏"了。俗话说：狗拿耗子——多管闲事，猫捉老鼠——天经地义。而雪儿却不这样认为。有一天，不知它从哪儿弄来一只大老鼠，甩着尾巴在我腿边绕来绕去，还不时地喵喵叫，似乎在说："主人，看我多能干，捉住一只大老鼠！"看着它那得意扬扬的样子，我觉得真好笑。

她的名字叫妈妈

031

渠凯雁

有这样一个女人，在我耳边絮叨个不停，告诉我什么是对与不对；有这样一个女人，时时刻刻叮嘱我好好学习；有这样一个女人，告诉我遇熟人要打招呼，要懂礼貌；有这样一个女人，她的名字叫妈妈……

妈妈，或许这个名字就是萦绕在儿女耳边一首永不停息的歌，是流淌在儿女心中一眼永不枯竭的泉，是永远倾吐清辉的一轮明月。

妈妈是一位教师，正是这一职业造就了她一丝不苟的性格。我做完一件事，她便检查一下，有不对的地方，她会"毫不留情"地批评我，好的地方，也会表扬与鼓励一下。不过，我做事总是毛毛躁躁，所以，受到的批评比得到的表扬多多了。

随着年龄的增长，我遇到什么事总想自己做主，不想再让妈妈多干预。而她，每天等我放学回来，第一句问的都是："学习咋样？"我便会应付地说上几句，表现出不耐烦的表情。我在大人面前是一个不善于表达的孩子，甚至碰上熟人连句招呼也不打，她便狠狠地批评我："都这么大了，还不懂事？不怕人家笑话？"我虽嘴上答应，可心里还是不情愿，熟人来了，我依旧如此。

不听话的我终于吃亏了。那天上学，妈妈一边递给我一把伞，一边又开始了她的唠叨："天气预报有大雨，把伞带上。哎，这么大的孩子了，怎么一点儿都不听话！"妈妈话还没说完，我已经跑出了家门。倔强的我淋着雨回到了家，当晚就发起了高烧。妈妈不顾外面风雨交加，背上我去了医院。我在医院打点滴，她一夜都没睡，就坐在旁边陪着我。第二天清晨，我迷迷糊糊地醒来，第一眼看到的就是她憔悴的面孔，我哭着对妈妈说："妈妈，对不起，我以后一定乖乖听话，不惹你生气了。"妈妈慈爱地看着我，摸着我的头，轻轻地说："没事，没事，听话就好，听话就好……"

每当夜幕降临的时候，看着繁星闪耀的天际，我想悄悄对妈妈说："妈妈，您就是那颗无名的小星，默默发光，悄悄爱我。妈，女儿爱您，祝你幸福！"

感谢您，妈妈

刘诚笑

一株蒲公英随风飘散，去更大更广阔的世界安家，它得感谢风的一路护送；雨后的笋娃娃顶破土壤，用臃肿的身体钻出地面，它得感谢细雨的滋润；一只雏鹰长大后能在高空飞翔，看山峦叠翠，看云朵捉迷藏，它得感谢鹰妈妈的哺育以及"鹰式教育"背后的担忧与不舍。世间万物都需要抒发自己的感恩之情，同样，我们的成长也离不开同学、朋友的帮助，离不开老师的教诲，更离不开父母多年的养育、关爱。

时光倒退回去年的暑假，那个我记忆犹新的下午。

"路上要小心啊……如果累了要和姑姑讲，停下来休息……哎呀，这天估计得下雨了，你还是别去了吧……"妈妈一直在身边唠叨着，混着满天乌云令我烦躁。"哎呀，进山一会儿就出来了，这天气一会儿晴一会儿阴的，哪下得了雨啊！"妈妈工作的地方在天宝岩脚下，今天顺道而来的表姑想参观，我便自告奋勇地当导游，想一尽地主之谊，根本不听妈妈的劝阻，带着姑姑他们雄赳赳进山了。

踏上栈道，听南溪流水叮咚，树叶沙沙作响，微风抚着脸庞，带着好心情向深山走去。这时，天公不作美，忽然大雨倾盆，阻挡了我们前进的脚步。山路又湿又滑，我的耳畔仿佛又听到了妈妈的唠叨。

大伙儿只好冒雨返回，鞋子、裤子都沾满了泥巴，我跑到小溪边冲洗了鞋子，一路光脚走在栈道上，别有一番趣味。

回家后，妈妈拖着狼狈的我走进浴室，一掀裤子，一只丑陋的水蛭正在我的腿上贪婪地吸吮着血液。我吓得号啕大哭，而妈妈却镇定地将水蛭扒下，看着妈妈带着嗔怪的笑容，耳边又响起了妈妈的唠叨，可是，此刻的妈妈让我感到无比温暖。

窗外嗷嗷待哺的小鸟正在感谢母亲辛勤觅食。我也要对我的"守护神"妈妈由衷地说一声："谢谢您！"

妈妈的妙语

李 哲

我有一位说话十分巧妙的妈妈，她的每一句话都让我佩服。

一次我做作业时，向妈妈说了一些学校的事情，而且还说个没完没了。

妈妈说："莫学麻雀嘴，要学蚂蚁腿。你省下说话的工夫，这些作业早就做完了。"我听了，马上回到写字台前，认真地做起了作业。

还有一回，我满面春风地走到妈妈跟前说："妈妈，语文卷子发下来了，我考得不好。"说完，还故意噘起小嘴。妈妈看了我一眼说："真是猪鼻子插葱——装象（相），十七的还想哄十八的，考得不错，对不？"我俩一阵哈哈大笑。

春节早上，我们一家吃饺子。妈妈擀面皮，爸爸包饺子。我说："爸爸，您包的饺子像一个胖乎乎的小猪。"妈妈随口来了一句："饺子看馅儿，看戏看旦儿。"爸爸说："今天过节，别耍你的快嘴了。"妈妈带着不服气的劲儿说："哪能，旧习惯再改——难！"

还有一次，妈妈的快嘴最让我佩服。那天是星期天，爸爸答应我去公园玩。妈妈下班刚刚回来，爸爸让妈妈一起去，妈妈疲惫地说："刚下班回来，屁股还没暖热凳子呢！唉，嫁鸡随鸡，嫁狗随狗，走吧。"

舅舅想养蝎致富，可又听人说蝎子很难养，就一直没敢行动。他把想法给妈妈说了，妈妈张口就说："还没见蝎子影，怎么就知道养不成？路不铲不平，事不做不成。大胆养吧！"

有一次，妈妈让我写作业，我说："明天写吧，明天写吧！"妈妈语重心长地对我说："不惜寸阴在今日，必留遗憾在明天。一定要珍惜时间！"我却调皮地说："时间嘛，有的是！"妈妈又补上一句："黑发不知勤学早，白首方悔读书迟。"我一声不吭，仿佛懂得了，随即写起了作业。

有一天午饭时，表妹不停地扰乱我们吃饭。我问："妹妹，怎么不吃饭了呢？"妈妈对我说："她这是斑鸠不吃蚂蚱子——肚子里有！"原来表妹饭前吃了很多零食。

妈妈妙语连珠，我真羡慕她，也很自豪我有这样一位妈妈。

日落

有一种幸福叫母爱

李 晨

有一种感动叫幸福，有一种幸福叫母爱，而我，是一个拥有母爱的幸福男孩儿。

那是一个乌云密布的早上，尽管已经是春天，天气却还是阴沉沉的，风似小刀割着人们的脸。

妈妈送我到公交车站坐车上学。公交车已经到站，妈妈还在我耳边唠叨："一会过马路小心点儿，下雨的话打起伞，上课认真一点儿……"唉！每天早上都是这一套话，我怎么会有这么一个喜欢唠叨的妈妈呀！

公交车刚走了不久，一场暴雨倾盆而至，雨水像是从天空泼下来似的，车外一片茫茫，什么都看不清楚。突然，走到了十字路口时，公交车停下了。擦掉玻璃上的水雾，一看，天！一辆面包车和一辆大卡车撞在了一起，整个路口被堵得水泄不通。

我看了看手表，妈呀，快迟到了！我急得像热锅上的蚂蚁——团团转。下车走吧，这么大的雨，离学校又那么远；坐车上等着吧，还不知道什么时候能到，这怎么办呀？

这时，我听到了一声熟悉的叫声："李晨，快下来！"转头一看，妈妈正骑着摩托车，在公交车旁焦急地望着我。雨越下越大，妈妈被淋成了"落汤鸡"。

　　我喜出望外，急忙跳下公交车，坐上湿淋淋的摩托车，抱着书包。妈妈转身把伞递给我，说："快打上伞，别淋得感冒了！"

　　我好奇地问妈妈："你怎么知道这儿堵车？"

　　妈妈气喘吁吁地回答："隔壁的王阿姨告诉我的，说这里堵车了！我怕你迟到，就赶来了。"

　　"那您带伞为什么不打呢？"

　　"打着伞，骑得慢。"

　　"您为什么不穿雨衣？"

　　"还不是来不及嘛！你把伞打低点儿，别给我打，不然走得慢了，又得迟到！"

　　"可是，您……"

　　"别可是了，听话！"

　　我沉默了，慢慢地把雨伞降低了，两行泪水不知不觉流了下来。那是幸福的泪水。

037

　　"去了学校跟老师说一声，好好学习……"妈妈又开始唠叨。但我觉得，世界上没有比这更悦耳的声音。

　　母爱就是如此伟大，如此无私，如此令人感动。我永远也不会忘记。

相信科学

马 琳

鸡蛋能在平滑的地方站立吗？当然能啦！我就亲眼见过！

昨天中午，妈妈带弟弟到田野里挖野菜。弟弟可欢了，不时地翻跟头、打滚儿，还兴致勃勃地去捕蝴蝶。突然，草丛里蹿出一只野兔，弟弟吓得"妈呀"一声惊叫。

回到家里，弟弟像霜打的茄子——蔫了，妈妈只好哄他睡觉。吃饭时，妈妈怎么也喊不起弟弟来。"大概是吓掉魂儿了。"奶奶说，"拿个鸡蛋来，站一站，要是站住了，就是吓着了，叫一叫就会好的。"我马上拿来鸡蛋，奶奶在锅台上画了个"十"字，把鸡蛋放在"十"字的交叉点上。我在一旁纳闷儿地看着，奶奶边轻轻扶住鸡蛋，边小声喊着："洋洋，回家吃饭了……"神了，那鸡蛋真的站起来了！

下午，弟弟好了，又像打足气的皮球，活蹦乱跳地满院子乱窜。这事很快被我传到班里，很多同学拿来了鸡蛋，可是无论怎样喊别人的名字，鸡蛋就是站不起来……教室里乱哄哄的，结果被老师发现了。

当老师了解事情的原委后，他笑着拿过一个鸡蛋，把鸡蛋轻轻站在讲台上，"马琳，回家吃饭了！"那鸡蛋竟也站起来了，而且是

小头站立。我没有掉魂儿，鸡蛋怎么也站住了？教室里一片惊叹声。望着我们一脸的困惑，老师说："你们能对一些不明白的事去验证，这很好。你们说，站鸡蛋跟吓掉魂儿有关系吗？马琳的弟弟好的原因是他睡足了觉，养足了精神，跟站鸡蛋没有任何关系。你们看，掌握住平衡，轻稳地捏住鸡蛋放一会儿，就会站住的……"随着老师的演示，课桌上的蛋一个个站起来了。

这个站鸡蛋的故事，提醒我们，要相信科学，不要迷信。

记一次拔河比赛

康嘉宝

今天，太阳被乌云遮住了，天气灰蒙蒙的，要下雨的样子。尽管这样，也丝毫不能影响我激动的心情。因为今天下午，学校要组织一次盛大的拔河比赛。

比赛还没开始，操场上已经人山人海，热闹非凡了。同学们紧张地等待着比赛的开始。

比赛开始了，第一场比赛就是我们班和五年二班，看着对面好几个小胖子，再看看我们，一个个瘦得像麻秆儿，我们就紧张得不行，能拔得过他们吗？果然，还不到三分钟，我们就输掉了第一场。

这时，陈老师让我们围了一圈，悄悄地跟我们说："别看他们胖，咱们力量也不差。大家一会儿听我指挥，我喊一、二，大家一起使劲，我们一定能赢！"听了陈老师的话，我们将信将疑。第二场，

日落

我们班和五年二班对调了位置，再次交战。这次呀，同学们都用尽全力地拉着那根绳子，随着陈老师的喊声，把力气都使在了一起。看我们班的康宁镜同学：他紧闭双眼，咬紧牙关，向后倾斜，浑身上下都开始哆嗦了。终于，皇天不负有心人，绳子一点点向我们这边移了过来——我们班赢了。

这时场上的比赛已经是1∶1平局。关键时刻来了，有了第二场的胜利，同学们个个精神抖擞，信心十足。可是，对手居然也学着我们，喊起了口号，最后一局，尽管我们拼尽全力，可是还是输了。

虽然输了比赛，但我们都没有不开心。因为我们努力过，虽败犹荣！

小树林里的童年

刘建芳

我爱村前那片小树林，因为在那里我度过了五彩的童年，在那里我编织了童年的梦。

在阳光明媚、百花争妍的季节里，那些小柳树也不甘落后，急急地抽出芽苞，在春风里拂动。这时候，我们几个小伙伴跑进小树林，折根柔软的柳枝，制口哨。小明制了个特别大的，吹起来"嘟嘟"响，特像老牛的叫声，顿时把我们几个笑得前俯后仰。东田制的老是吹不响，我们几个轮流给他制。每人制一个口哨，放在嘴上吹个没完。"吱——吱——""叽——叽——"再加上小鸟快活的歌唱，树林里好像是在举行演唱会。

不知什么时候，树林里响起了蝉的歌声，哈哈！夏天到了。这时候，我们几个伙伴来不及吃晚饭，便来小树林里集合，然后分头行动。我们都把眼睛瞪得大大的，找啊找，不用说，你一定猜中了，是在找蝉虫。我们几乎每天晚上都要把小树林搜个遍，只差没把地皮翻过来了。我们不舍得吃一个蝉虫，把蝉虫都送到村前的饭店里，用换来的钱买本子、买书。

渐渐的，蝉儿隐去了歌声，几片枯叶悄悄地落了下来，秋天到了！人们常常带着一大包一大包雪白的棉花从这里路过。又是一个丰收的季节，你看树林里的果树乐弯了腰，石榴更是欢喜，笑得合不拢嘴。

伴随着丰收的喜悦，我们迎来了寒冷的冬天。这时，我们最盼望的是下雪。终于，天公满足了我们的愿望。于是我们又来到小树林里，堆雪人，打雪仗……你看，那棵小树后面藏着一个"敌人"，我拿起雪球朝那边掷去。"哈哈……打中了，打中了。""哈哈哈……"树林里回荡着快乐的笑声。

小树林，我童年的乐园，你将永远留在我的记忆里。

可爱的朵朵

朵朵快乐地上下翻腾，一双好奇的眼睛瞧瞧这儿、望望那儿，这个世界多美啊：翠绿的山冈、清澈的小溪、美丽的小鸟……她心里别提有多高兴了！

可爱的朵朵

左小茜

太阳照着大地，地上的水蒸气随着温度的升高而慢慢蒸发上升，遇到高空的冷气流，水蒸气凝成了活泼可爱的小云朵——朵朵诞生了。

朵朵快乐地上下翻腾，一双好奇的眼睛瞧瞧这儿、望望那儿，这个世界多美啊：翠绿的山冈、清澈的小溪、美丽的小鸟……她心里别提有多高兴了！忽然，她看见了一片黄土，那山冈光秃秃的，山下的河流泥糊糊的，朵朵有点儿忧伤了……

远处走来一队青年，初升的太阳映红了每个人的脸，小伙子们扛着劳动工具，姑娘们抬着一棵棵小树苗。小伙子们用铁锹翻土，挖出一个个小坑，姑娘们半蹲着轻盈的身体往小坑里栽树苗，随后用土把坑埋好，再用脚轻轻一踏，小坑被踏平了。然后姑娘、小伙子们从山下的河流中挑来浑浊的河水，浇灌这些小坑，他们累得气喘吁吁、汗流浃背。

朵朵睁着好奇的眼睛看了半天，她终于明白了这些大哥哥、大姐姐正在绿化荒山。"我能为他们做点儿什么呢？"朵朵想，"我一个人的力量太小了呀。"突然，朵朵灵机一动，开始忙碌起来。她从东飞到西，从南飘到北，聚拢了许多白云，伙伴们越聚越多，云层越来越厚，云块越变越大。"乌云来了，要下雨啦！"种树的人们欢呼起来。朵朵和小伙伴们晃动着身体，变成了晶莹透明的小雨滴，纷纷飘落在这块干涸的土地上。

"哇，太好了，这场雨来得正是时候。"人们高兴得赞不绝口。

朵朵和小伙伴们听见了，心里暖烘烘的。

无数的雨滴，落到了荒山上，滋润着满山的树苗。

我想有个家

寇欣媛

夏日的清晨，一棵小树迎着晨曦醒来了，经过一夜的休息，小树特别精神。太阳升起来了，树叶上的滴滴露珠都消失了，只有一滴露珠藏在小树的"怀抱"里，好像在期待着什么。

小树问小露珠："你在想什么呢？""我……我想有一个家。""原来你没有家呀！""是呀！"小露珠带着哭腔答道。小树说："你别难过，让我帮你找个家。"小露珠喜出望外："真的？""当然了。"小树唤来蝴蝶："蝴蝶妹妹，请你帮小露珠找个家吧，好吗？"小蝴蝶看着小露珠怪可怜的，就说："小树哥哥，就让小露珠住在我家吧！"小露珠说："好啊，好啊！"说完，就骑在小蝴蝶的背上，小蝴蝶带着它飞向自己的家。

小蝴蝶家有松软的床铺、漂亮的大彩电……真是应有尽有。小蝴蝶拿来一个精致的小盒子，说："小露珠，你就住在这儿吧！"小露珠高兴地蹦来蹦去。

有一天，小蝴蝶在学校才上了半节课就头晕，向老师请了假回家了。小露珠看见小蝴蝶病倒了，就用热毛巾敷在它的头上，匆匆走出家门，去找医生。

医生来了，给蝴蝶看看，说："这是冻感冒了。"原来，小蝴蝶因为怕小露珠蒸发，于是不生火，还吃冷的、喝凉的。小露珠心疼极了，连忙生上火，火一着，小露珠就化作水蒸气，升上了天空。

这时，小露珠才意识到，自己不会有一个真正的家了。

圣诞晚会

贾晋

"叮叮当，叮叮当，铃儿响叮当……"清泉酒店下传来一阵热烈的鼓掌声，吸引了翩翩起舞的蝴蝶，吸引了枝头上叽叽喳喳的小鸟，吸引了田间的青蛙……

这是月牙儿歌在清泉酒店举行的圣诞联欢晚会。随着动感的音乐响起，草坪上热闹起来，一条条五彩缤纷的彩带挂了起来，一盏盏绚丽多彩的吊灯不停闪烁，红彤彤的墙壁上贴着圣诞树，银光闪闪，到处都充满了节日的欢乐气息。

小主持人在台下练着嗓子，准备上台表演的同学在下面做热身，老师握着拳头为他们加油助威，松柏摇着树枝好像也在为我们加油，小草也用力地摇晃着身子好像在跳舞，为我们缓解压力，天上的云哥哥也来了，它像一个指挥官，指挥着各种动植物为我们欢呼。

伴随着热烈的鼓掌声，活动拉开了帷幕。小主持人走上台，流利地讲起了开场白。只见女生们都穿着红色鲜艳的衣服，踏着高跟鞋，宛如是从安徒生童话故事里走出来的公主一般。男生们也不示弱，穿着黑色的西装，脚下踩着黑皮鞋，走起路来咯噔咯噔响，像一群小绅士。会场再次响起了暴风雨般的掌声。

"让我们一起来倾听，康盼盼等同学带给我们一首好听的《小酒窝》。"主持人介绍道。

"我还在寻找一个依靠和一个拥抱……"他们的歌声极其美妙。你瞧，观众席中最后一排的男生直接踩在椅子上，全神贯注地看着表演，不愿错过任何一个镜头。全场的人都竖起大拇指赞叹。

节目一个接一个，气氛到达了高潮……

不知不觉表演已经结束了。到了发奖状的环节，老师喊道："发月牙儿歌看书最多奖。"我心想，肯定有我，因为我看书已经看了五十三天了，能没有我吗？"贾晋，康盼盼……"我真不敢相信，老师真的喊了我的名字。我很荣幸地站在台上领取老师发给我的奖品，心里已经默默地乐开了花。

礼炮再次点响，震耳欲聋的炮声，牵动着我们每个"小月牙儿"和全场叔叔阿姨的心。老师说道："在新的一年里，祝我们全体'小月牙儿'能写出更好的文章。本次圣诞联欢晚会圆满成功！"但我们全体"小月牙儿"的心，却久久不能平静。

神奇的魔术

肖飞鹏

面条——嗨！谁没见过？谁没吃过？什么汤面、凉面、炒面、快餐面……且慢，且慢！那你见过吃纸面条的吗？我就亲眼见过，这绝对不是吹牛哦！

那天，老师带着我们来到"文化中心"观看了一场精彩的魔术表演。最令人惊奇的就要数"吃纸面条"啦！

在轻快的乐曲中，走上来一位年轻的魔术师。他身穿蓝色燕尾服，系着深色领结，显得彬彬有礼。他拿起了一张大白纸，高高举起来，正面、反面都亮了亮，再轻轻一抖，"哗哗——"没错，就是一张普通的白纸呀！把纸对折一下，他又不慌不忙地拿起剪刀，把纸剪成一条条细细的纸条。这是要干吗呢？我们都挺纳闷儿的。纸条剪好了，魔术师又端起一个搪瓷大碗，碗口面向观众，用木筷敲敲，"当当——"碗底面向观众，再敲敲，"当当——"声音同样清脆。普普通通的搪瓷碗，看不出有什么稀罕。魔术师把那些纸条一股脑儿全放在大碗里，拿起筷子搅呀搅。半晌，他挑起来看看，再搅再看，总是一堆白纸条。他好像不知所措了，摸摸后脑勺，傻愣在那儿。剧院里哄堂大笑。就是嘛！在一千多双眼睛的注视下，他还能搅出什么名堂来？

这时，上来一位阿姨，手里拎着个暖水瓶。魔术师连忙让她给自己碗里倒点儿开水。顿时，碗里热气腾腾。魔术师连忙拿起筷子，搅得更带劲啦！难道白开水能把纸条泡成面条吗？剧场里静悄悄的，大家都屏住呼吸，目不转睛地盯着他的双手。随着筷子的搅动，魔术师脸上露出了笑容，得意中带着一丝神秘。他又挑起了碗中的纸条。啊！——他挑起的竟然是一筷子的面条。我简直不敢相信自己的眼睛。就这会儿，面条已吸进了他嘴里，他尝了尝，味道似乎还不错，又大口大口地吃起来，吃得津津有味。

奇迹！真是奇迹！一张毫不起眼的大白纸，居然在众目睽睽之下变成了一碗美味的面条！魔术师精彩的表演，真让人赞叹不已！剧院里爆发出一阵雷鸣般的掌声。

谁 最 富 有

武 前

"瞧，我的圆珠笔是带彩灯的。""我的书包是进口的，一百五十元呢！""我的文具盒是多功能的。"……不用猜，准又是我们班的那些"大款"们在攀比了。这事像一阵风似的，很快吹到了班主任老师的耳朵里。下午的班会课上，老师说："今天我们来召开'攀比会'，比一比班上谁最'富有'。"我惊讶极了，平时是非分明的老师怎么一反常态了呢？

班上的"淘气王"李刚站起来说："我觉得最富有的是小哲，他每天的早饭，不是牛奶就是面包和火腿，看得我直流口水呢！"被提到的小哲一脸的得意。老师接着问："还有比他更'富有'的吗？"号称"外交官"的王涛一本正经地说："要说最富有呀，我看应该是小东了，你看他从头到脚哪件不是名牌？一双旅游鞋就三百元呢！"他的话音一落，同学们都发出啧啧的赞叹声，不约而同地把目光投向了小东。大家你一言我一语，热闹地议论着。我也站起来说："王平同学衣着简朴，从不乱买零食吃，可成绩总是名列前茅。他有丰富的知识，所以我觉得他是我们班最富有的同学。"

老师这时微笑着说："嗯！武前同学说得很好，王平同学虽然没有高档的衣服和学习用品，可是他的知识很丰富，成绩总是很好，他完全可以算得上一个'富有'的人。如果我们每天只是互相比吃比穿的话，哪还有时间投入到学习中？我希望我们每个同学都能够理解'富有'的真正含义，做一个真正'富有'的人！"

这节课在同学们热烈的掌声中结束了，这独特的"攀比会"也让我很难忘。

拔 河 记

贾钰渊

"加油，加油！"一阵阵欢呼声响彻云霄，引来了在树枝上唱歌的小鸟，引来了顽皮的小狗，也引来了路上的行人。到底是哪里传来的声音呢？原来是学校在举行拔河比赛。

比赛即将开始了。操场上聚集了好多好多人！学生们凑在一起议论纷纷，老师忙得不可开交，一会儿给学生们讲拔河比赛时的注意事项，一会儿给学生们讲一些技巧。参加拔河比赛的选手们个个精神抖擞，斗志昂扬。有一个选手，昂首挺胸，摩拳擦掌，仿佛他已经胜券在握。啦啦队员已经喊破了嗓子，火药味弥漫着整个操场，我的心里像揣了一只兔子似的，怦怦直跳。我们会赢吗？我们能赢吗？冠军到底花落谁家？

"嘟——"随着裁判一声哨响，紧张的拔河比赛开始了。同学们站成弓字步，身体向后倾，双手像一把大钳子紧紧地抓住绳子往后拉，最后一位同学干脆一屁股坐在地上。拔河的队伍，远远望去，犹如一只凶猛的狮子。你瞧，张志斌他眼睛瞪得大大的，咬紧牙关，脸憋得通红……绳子中间的红绸子，左右摇摆不定。同学们个个使出了全身的力气，用力向左拉。对方的同学也凶猛得像只狮子，使出了吃奶的劲，用力向右拉。好几分钟过去了，比赛一直僵持着。啦啦队一边用震耳欲聋的声音大喊着加油加油，一边用手用力向后挥，身子向后倾，好像要帮拔河的同学用力似的……大约又过了五分钟，比赛最终以我们班的胜利告终。

我们欢呼雀跃，高兴得一蹦三尺高。而对手班的同学垂头丧气，像泄了气的皮球。这次的拔河比赛，使我明白了一个道理：团结就是力量！不过，比赛的宗旨是友谊第一比赛第二，我也要为我们的对手鼓掌喝彩！

第一次自己睡觉

康紫馨

"唉！"大家知道我为什么这样唉声叹气吗？

今天下学刚到家，爸爸妈妈就"义正词严"地跟我说："馨馨，你已经长大了，以后不能再和爸爸妈妈一起睡了，我们已经帮你把小卧室收拾得漂漂亮亮的，从今天开始，你自己一个人睡觉。"我心想：有些比我大的孩子还跟父母一起睡觉；我还这么小，你们就让我自己睡？哼！

可生气归生气，爸爸妈妈这次是吃了秤砣——铁了心，一点儿商量的余地都不给我留。我十分不情愿地躺到床上，看着空荡荡的房间，我紧张起来。我好像看见窗帘在不停地飘动，"难道有怪物？"我害怕得要命，脑海里也不禁出现了许多电视里怪物的模样。我赶紧闭上眼睛，一下都不敢睁开。嘴里不停地数着："一只绵羊，两只绵羊，三只绵羊……"努力地想要进入梦乡。

可是，过了好大一会儿，我还是睡不着。我又想，床底下会不会有老鼠、蟑螂之类的东西呀？我更加害怕了。这时，我突然想起了英勇无比的黑猫警长。我连忙起身打开台灯，找了一支笔，在纸上画了一个黑猫警长，把它贴在了床头，这下，我觉得安心多了。很快，我就睡着了。

可是，我做了一个梦。梦到了一个妖怪把我捉走了，我吓得哇哇大哭。哭声惊醒了爸爸妈妈，他们都过来哄我。我埋怨他们让我一个人睡觉，可是爸爸说这是为了培养我的独立能力。

这件事虽然过去很久了，但我仍然记忆犹新。不过告诉你哦，我现在很勇敢，每天都是自己睡觉呢！

第一次捉知了

吴燕文

我经历过无数次快乐的时刻，而第一次捉知了的快乐，直到现在我都难以忘怀。

那是个炎热的夏天，噪音大师——知了先生——又开始在它的"舞台"上演奏起"摇滚乐"来。经过我一下午的软磨硬泡，哥哥终于答应，带着我们几个小朋友去捉知了。晚上，我们跟着哥哥来到一排大杨树下，开始了"警察抓小偷"的游戏。我们打着手电筒，两眼聚光，机警地在大杨树上寻找着"摇滚乐手"。突然有个胖乎乎的东西在树干上蠕动着，仔细一看，高兴得我差点儿蹦了起来。原来是一只"武装齐全"的知了，刚爬出洞，看样子想在树干上演一场"金蝉脱壳"戏。哥哥鼓励我说："别害怕，不咬人的，轻轻抓住它放进桶里就好了。"我哆哆嗦嗦地伸出手去，终于把它"捉拿归案"。

小伙伴们围着我狂欢一阵后，继续向前搜索。我们潜伏在地上，关掉了手电筒。田野里偶尔传来几声知了和蝈蝈的鸣叫，四周一片寂静。忽听身后有个东西掉了下来，我们顿时手电齐亮，争先恐后地循声而去。原来是只傻乎乎的知了，笨头笨脑地从树干中央滑了下来。它刚想夺路而逃，就被我抢先一步给笑呵呵地捉住了。瞧它，连吃奶的劲儿也使上了，在我的手中拼命地挣扎，两条后腿在不停地向后蹬呀蹬，最终还是没有逃出我的手心，乖乖地"投降"了。不一会儿，我们竟然找到了一个知了的老窝。可狡猾的"小狐狸"躲在洞里就是不出来，我们干脆用事先准备好的水往洞里灌。洞被淹没了，不到半分钟，这只"小狐狸"就忍不住了，在洞口露头，被我们给"俘虏"了。"这一仗打得真漂亮。"我们在歌声中清理"战利品"，共捕获了八只知了。尽管可恶的蚊子给我们的手上、脚上留下一个个的小红包作为纪念，可我们非常开心。

捉知了的快乐，在笑声中给我的童年，画上了一个美好的重音符号。

054

第一次采莲

周梦玉

放暑假了，我跟妈妈来到乡下舅舅家做客。中午吃完饭，姥姥对我和姐姐说："咱们去采莲子吧！"好兴奋呀，我还没见过莲蓬长什么样呢。

我们划着一条小船，慢慢"游"进池塘。荷花已到盛期，清清的水面上，飘着一片片又肥又大的荷叶。碧绿的叶子，一片挨一片，几乎盖满了水面。一朵朵荷花，亭亭玉立，吐芳含翠，散发出沁人的香味。几只翠鸟立在莲蓬上，一动不动地窥视着池水，只要一发现小鱼，便立即扑进水中，迅速叼着小鱼飞走。莲蓬矗立在水面上，形状跟高脚酒杯差不多，我们扒着船沿，探出身子，一朵一朵地摘，将采下的莲蓬堆在船舱里。船在莲花间穿行，缓缓的，就像置身在一片光辉灿烂的霞光中。我们唱着歌，嘻嘻哈哈地笑。姥姥不时提醒我们："丫头，别疯了，会掉下去的。"姐姐只是笑，得意地唱起歌来："携手共采莲，莲花过人头。"歌声很美、很动听。

　　莲蓬采得太多了，已经堆了半个船舱。姐姐提议歇一会儿，我们并肩坐在船头上，高高兴兴地剥着莲子。莲子又甜又脆，很好吃。姐姐对我说："每年，我们家总要用盐腌那么一坛子，放上五香大茴，再用酱油一浸，味道鲜美极了。这是有名的莲子菜，等会回家让我妈做给你吃。"

　　姥姥一边剥莲蓬，一边讲起了故事："小的时候，这池塘是有钱人家的，不准穷孩子下塘摘莲蓬，我们只好偷着下塘摘，一次摘那么一点点。莲子菜也只有有钱人家才有，穷人连尝也别想尝到。莲子菜很珍贵，通常用来招待客人，或者作为礼物送人的。乾隆皇帝下江南，路过姑苏城，据说点名要吃莲子菜。御马专程来寻，闹得满城风雨。"

　　"别疯了！"妈妈在岸上喊，姐姐猛荡一桨，船身一歪，斜斜地冲进一片莲花，我顺手摘一朵莲蓬，轻轻向一只翠鸟抛去了，"叽"的一声，翠鸟飞走了……

　　晚上，我们就坐在院里剥莲蓬。月亮姐姐温柔地看着我们，我们将莲蓬装进坛子。坛子里装满了欢声笑语，装满了甜蜜的生活。

我的自画像

乔奕铖

你知道我长什么样子吗？我长着两只大大的耳朵，可以听到爸爸妈妈说什么悄悄话；我有一双千里眼，能看到妈妈是否把我的玩具扔了；我还有一个灵敏的鼻子，还没进门，就能闻到妈妈做的饭香，知道今天要吃什么啦！为什么呢？就让我给你讲一下吧！

为什么说我有千里眼？因为我在房间里弄了一个小"陷阱"，而且都被一些掩体掩护着：我在门口摆放了一个铲子，有人进门就会踩到铲子，发出声音把我惊醒；就算他躲过去了，我还有撒手锏，因为我在第二道防线上放了许多塑料玩具，如果他踩上了就会发出声音。

我有两只大大的耳朵，可以听见爸爸妈妈的悄悄话。去年我的生日时，我请求爸爸给我买了一个遥控四位摄像飞机，我每天对他的行动简直了如指掌。有一次，爸爸妈妈在说悄悄话，我很好奇，所以把飞机飞到高处来偷听他们说什么，他们说完后，我便悄悄地把飞机降下来，取下摄像头，飞快地跑回房间，然后放大声音听他们在说什么，结果我竟听到了，他们说想给我报许多兴趣班。我怒气冲冲地不顾礼仪和形象第一时间闯进了他们的房间，问道："为什么要给我报那么多兴趣班？"妈妈说："你怎么知道的？"我得意地扬了扬手中的飞机，他们惊讶得下巴都快要掉到地上了。

为什么说我有一个像狗一样灵敏的鼻子呢？因为每次妈妈做好吃的，我都能闻到。然后跑到厨房和妈妈撒娇，偷吃一大口！

看我多么聪明呀！我的自画像是不是很有趣啊！

我

朱思宇

我叫朱思宇，有一双又大又圆的眼睛，留着小平头，长得非常帅，身穿皮衣，神气极了。我自称学霸，我是我们班上每次语文成绩最高的人。

我是班长。当了三年班长的我干起事来总是干脆利落！我、常少博和张子桐是一个组合，名字叫"三剑客"。我们三个人已经从一年级坚持到三年级了。

有一次，老师给我们班的同学出了一道题，下课以后大家都跑来问我，十五分钟后我终于算出来了。上课了，老师问我们算出来了没有，大家一起说："算出来了。"老师奇怪地问："是谁给你们的答案呢？""是朱思宇。"大家齐声说道。老师说："真棒啊！不愧是我们班的班长呢！"

怎么样？老师都说我太聪明了，你们说我牛不牛呢！

给自己的信

鲁纹帆

嘿：

你好！你知道我是谁吗？我就是平日里和你形影不离的影子。虽然我们整天在一起，但我从来没有和你"谈"过心。

听说暑假过后刚开学不久，六年级由原来的两个班分成了三个班。你被分了出去。

058

分班那天，你痛哭流涕，毕竟在二班学习生活了五年时间，和老师同学建立起了深厚的感情。你是一个重感情的女孩儿，那天你的眼睛都哭肿了，由于过度伤心，感冒加重了，第二天你请假没去上学，却被教育局新分配来的老师误解了。新老师以为你不配合他，在罢课，因而对你很有看法，同学们选你为班长兼中队长，他却把你"挂"了起来。我知道你原来在二班时一直担任班长，很得老师的赏识、器重，同学们也很信任你。现在你心里一定不好受吧。听说在分班后的三个星期里，你比较消沉，有抵触情绪，开朗的你变得沉默寡言。

我要对你说，别这样，生活中总有被人误解的时候，关键在于你以什么样的心态去对待它。你要学会化解矛盾，消除误会，学会与人沟通。如果你一直沉溺在消极的心态里，将会失去快乐、健康和良好的人际关系，成为一个失败者。

有一位名人说："积极的心态，就是心灵健康的营养。"成功者与失败者之间只有很小的差别，这个差别就是人生的态度是积极还是消极。

好了，说了这么多，你应该受到启发了，应该知道自己怎样做了，希望不久后能听到你的好消息。

祝你学习进步、快乐健康！

你的好朋友：影子

我的乳名好土

郑允霞

我的乳名好土——山菊，它不像丽丽、娜娜等那么洋气，具有现代气息。我几次三番问妈妈为什么给我起这个难听的名字，妈妈被逼不过，只好说："名字是你爸爸起的，你还是去问他好了。"

爸爸是个花迷，盆盆罐罐里都栽满了花。从名贵的茶花、君子兰，到叫不上名的小野花，满院子都是。在这花的家族中，爸爸尤其爱侍弄那几株生长在院子角落里的山菊。每次收工回家，不管多累，爸爸总是去欣赏一番。每当此时，我总是跑上去问爸爸："爸爸你为什么那么爱这几株山菊呢？"爸爸呵呵一笑说："这还用问嘛，因为我的宝贝女儿叫山菊嘛！"

几年过去了，院子里的山菊和其他花一样岁岁枯荣。"山菊"也成了五年级学生。对于我为什么叫山菊的事我也不再缠着爸妈问个没完了。大概是遗传的原因吧，爸爸那爱花的性格竟然不知不觉地传给了我，用爸爸的话说，那就是有其父便有其女嘛！每当放学回家，放下书包我最急于做的事就是给花浇水、追肥、整枝。

去年十月，花正开得艳，突然刮起了小北风，看起来天气有骤然变冷的架势。到了晚上，呼呼的西北风刮个不停。爸爸说："明早怕有霜冻，赶快把花盆搬到屋里。"我、爸爸和妈妈三个人齐心奋战，将能搬的花草全都搬到屋里。我回到屋里，透过窗玻璃，望着在风中摇曳的未能搬到屋里的花草，默默地说："对不起，太为难你们了。"

"山菊，山菊快起来。"是爸爸在喊我起床。我睁开惺忪睡眼，已经是第二天早晨了。我往窗子一看，哇！好漂亮啊，玻璃上开了一大朵一大朵的冰凌花。我急忙穿衣，来到院子里，不禁被眼前的景象惊呆了：老天竟残暴地对百花下了杀手，昨天还宛如春天的院子一片凄惨。那争相开放的月季花，艳丽的地瓜花、芋头花、指甲花，全都失去了往日的妖娆，屈服于严寒的北风刀下。几枝带着花头的茎枝，似衣衫褴褛的老人在微风中发抖。完了，全完了，我的花。"山菊不要心疼，快往这儿看。"顺着爸爸的指点我惊奇地发现，墙角的几株山菊还完好无损。它们淡黄色的小小的花瓣上，覆盖着一层薄薄的白霜，挺直的枝茎托着小小的花朵，在微风的吹拂下轻轻摇动，好像在说："我不怕寒冷，不畏严寒，我敢和恶势力搏斗！"我端详着那披着浓霜的山菊，一股敬意涌上心头，不禁脱口而出："山菊，我爱你，爱你那敢和残酷势力搏斗的精神，你是花中的伟丈夫，我愿与你同光辉、共日月。""瞧，我们的小作家在吟诗呢！"爸爸朝妈妈笑着说。噢！忽然间我明白了：为什么爸爸把我的名字叫山菊，就是让我具有山菊的性格，学习山菊的精神，在困难面前不低头，做一个能经风霜、抗严寒的人。

山菊，我爱你，我喜欢这个名字。

我的"青脸"爸爸

朱芳芳

我的爸爸有个绰号——"青脸阿三"，这个绰号怎么来的呢？

爸爸是我们村的村主任，归他管的事情可多了：今天婆媳吵了架，明天儿子不养老，后天呢来了个"超生"……管得全是些婆婆妈妈的事。村里的人说爸爸翻脸不认人，仔细想想，还真有点儿。

我的一位表叔做雨伞生意发了财，想在村里再盖几间房。他看中了河岸边的一块地基，可是得占用一部分耕地。这不，他拎着酒、营养品上门来找我爸合计。按理说，表叔过去帮过我家不少忙，这点儿小忙爸爸也该帮，就算不帮，也得把话说得好听一点儿呀。谁知爸爸当时就拉长了脸说："你建房占用耕地，我是不会批给你的。再说你们家房刚盖了几年，村里住房比你们差的还有十几户呢。"这些话也太难听了，表叔当时就和爸爸争开了，爸爸的火气更猛，当即连人带东西推出了门。

事后，表叔逢人便说我爸青脸孔，没情面，气得我妈妈也常骂爸要断六亲，可爸爸呢，就是充耳不闻。

正月里，我们村里的赌风特别盛。爸爸就和联防队的人去抓赌。一个晚上下来，竟抓了五六桌。这下可捅了马蜂窝了，这赌博的人中有沾亲带故的，有有头有脸的，还有邻里街坊的，可爸爸就是不怕得罪人，硬是没收了这些人的赌资，还罚了款。

嘿，那几天连我出去也被人指指点点的！唉，谁叫我有这么个不信邪的爸爸呢！

不过爸爸当了三年村主任，要说"政绩"也真不少。你瞧，刹住了赌博风，村里偷鸡摸狗的事少了，两口子吵架的事也少了……空闲时间，人们常常去村里的娱乐室下棋、打球、看书。有时爸爸还请来农科站的同志讲授农科知识。这不，村里的几个小青年也迷上了食用菌培育。

爸爸还请村里的能人办企业。羊毛衫厂、竹编厂，服装加工厂……都办得红红火火的。妇女们进厂做工，男人们做生意、搞养殖。这些年村上的人们富得可真冒了油。可爸爸的"野心"还真够大，他说这只是小打小闹嘛，将来村上的娃子文化多了，还要办一办真正的工厂、公司呢！

至于绰号的事嘛，没想到爸爸还挺喜欢呢。他说："铁面无情好哇，共产党员就是不讲情面的嘛！"

粗心的爸爸

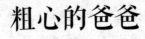

唐　轩

我的爸爸，特别粗心。因为这，还闹了不少笑话呢！

那天早晨，天刚蒙蒙亮，老爸就起床了，然后大声地把我们叫醒，催我们快点儿穿衣服。穿着穿着，老妈突然大叫起来："我的衬衣哪儿去了？我的衬衣哪儿去了？"我们打开灯，东找找，西找找，怎么也找不到。这时我问："老爸是不是穿了老妈的衬衣？"老爸赶紧说："不可能！不可能！"为了证明自己的清白，老爸特意把自己的衣服一件件翻给我们看。当翻到第三件时，我发现了老妈的衬衣，我叫起来："老爸变成女人啦！老爸变成女人啦！"老爸仔细一看，羞得满脸通红。我与老妈笑得都直不起腰来了。

　　粗心的老爸呀，时不时为我们的生活加点儿料，加点儿情趣！

感谢您的包容

林嘉怡

　　当孩子做错事时，有没有伤到您的心？您用爱和包容，让我成长，您愿意聆听我心底里最纯净的声音吗？

　　家离学校挺远的，我天天放学回家都叫唤着："累死啦，累死啦！"在无数天的埋怨中，您终于答应来接我，我别提多高兴了。可是第二天，您骑着破旧的摩托车来接我时，我又别提多难堪了……

　　"丁零零……"下课了，我满怀欣喜，迈着轻巧的步子跑出校门，一眼就望见了您骑的小破车。似乎怕我看不见，似乎那儿是最好的地方，你就停在校门口的正中央。没等我反应过来，您就开始喊我，我只好慢悠悠地走到您身边，看到您，脸立马沉下来。可是您丝毫没有察觉，依旧笑眯眯地望着我。身后传来了同学们的嬉笑声，真是丢脸，我一路上都没理您。

经历了无数天的"煎熬"，我终于忍不住发火了，我向着您小跑而去，对您大吼："别在这儿等我，知道我有多丢脸吗？"你的脸僵硬着、阴沉着，可您并没有责骂我，只是不说话……

第二天，当小雨划过树枝滴到我的脸颊，我才想起来，咦？爸爸今天怎么没来接我？脑袋里冒出各种疑问，各种担心，急得我直跳脚。忽然，我听到一声呼唤，我回头看去，那正是爸爸的身影。不清楚是雨水还是泪水，在那一刻，我感受到了爸爸的包容。

又坐上小破车，遮挡雨水的似乎不是雨衣，而是您的包容，是您浓浓的爱！感谢您的包容！

我家的"老顽童"

陈　颖

我的爸爸今年三十多岁，高高大大的，戴着一副近视眼镜，一套西装穿在他身上，可潇洒啦！他是我们学校的教导主任，什么课都能教。别看他在学校那么认真，模样令人敬畏，在家里呀，可有意思啦！难怪妈妈戏称他为"老顽童"哩！

可不是嘛我脾气倔，他就给我起外号——倔毛、赖毛、陈倔颖……我要是考试完毕，爸爸就假装一本正经地问我："今天吃什么？鸡蛋？还是鸵鸟蛋？"我告诉他我得了双百分，他就笑着把我举过头顶说："哈哈，不吃蛋，我们吃汤圆串！"这时，我就想，下次还要考个双百分回来。当我和小伙伴们打子弹壳的时候，他也来参加，如果我们不要他来，他就用一个手指来挠我们的痒，说是什么"一指禅"，我们怕痒，只好吸收他参加。他就教我们瞄准，教我们用子弹壳搭长城，垒太空堡垒，可好玩了！

　　星期日，我和爸爸下军旗。眼看他要输了，他却拿起一颗棋子把我的师长吃了。我记得，他的军长、司令已经没有了，又从哪儿来的军长、司令呢？我就看了一下那颗棋子，这是什么军长、司令？是排长！我气得大叫："爸爸你耍赖，不算厉害！"他却狡辩："我的排长先开枪，把你的师长打死了。"下次下棋，我可得防着他点儿。

　　昨天晚上，我的袜子脏了，就把它放在桌子上。爸爸一把把袜子扔到地上。我叫他去捡，他把袜子捡来了，可是，他却把袜子放在妈妈鼻子前，让妈妈闻了好一阵臭味。

　　我的爸爸真是个"老顽童"！

废墟下的阿曼达

　　父亲的一句承诺回响在阿曼达的耳畔：
"不论发生什么，我一定会和你在一起。"
父亲平日很严肃，但是最讲信用，说话算
数，他一定会来的！

废墟下的阿曼达

冯少捷

在美国洛杉矶的一次大地震中，阿曼达所在的学校在四分钟内面目全非，变成了一片废墟。当时，阿曼达所在的教室里有十四个孩子，他们被突如其来的地震与黑暗吓得不知所措，房顶塌了，幸运的是，阿曼达他们没有被砸中，只是被困在了教室里。

废墟中伸手不见五指，黑暗使人的惶恐无以复加，十四个人逐渐开始骚动，最后哭声一片。阿曼达也忍不住哭了起来，他十分担心现在的处境，他想："一切都完了，这样下去，我一定会死的。"他开始担心自己的父母，父母的命可能也保不住了，他想起和蔼的母亲，想起她平时的鼓励，让自己越来越自信，勇敢地战胜困难；他想起严肃的父亲，想起他平日的教诲……一切都好像发生在昨天，历历在目。

想着想着，忽然，父亲的一句承诺回响在阿曼达的耳畔："不论发生什么，我一定会和你在一起。"父亲平日很严肃，但是最讲信用，说话算数，他一定会来的！想到这里，阿曼达擦干了眼泪，坚定地对大家说："都不要哭了，我们一定能出去！"

大家诧异地向阿曼达看去，疑惑地问："为什么？"

"因为我父亲说过，不管发生什么，他都会跟我在一起。我相信，只要我父亲在，他一定会来救我们！"

"万一你父亲也死了呢？"有人问道。

"相信我，我父亲一定会来救咱们！就算我父亲死了，咱们也要自己努力，想办法出去，找到父母，好好地活下去！"阿曼达坚定地说。

听了阿曼达的话，其余的孩子们慢慢停止了哭泣，他们的信念也逐渐坚定起来："我们会出去，我们一定会出去。"

八小时过去了，十六小时过去了，二十四小时、三十三小时……很多人随着时间的推移又开始恐慌，一个同学坐在地上哭着："阿曼达，你的父亲肯定是死了，没希望了。""不会的，别瞎想，我父亲一定会来救咱们出去的。"阿曼达仍然坚定地说道。

终于，在第三十五小时的时候，废墟上面传来了父亲急促的声音："阿曼达，爸爸来了！"

069

奇幻之夜

苏 琪

这是一个奇幻的夜晚，家里的主人已经进入了梦乡。时钟刚敲响了十二下，屋里的桌椅家具和各种摆设们就开始"吱吱嘎嘎"地说起话来了。

装扮得十分豪华的书柜首先小声地说："兄弟姐妹们，趁主人现在睡着了，我们来说说知心话吧！"这时，漂亮的木床说："我现在可好了，小主人把各种各样的娃娃玩具挂在我身上，把我装饰得喜气洋洋。"挂在床上的小闹钟抢着说："我给你们透露一个好消息，再过十多天就会来一个新朋友，名字叫气垫床，既漂亮又舒适。可惜我们的老朋友木床就有可能要离开我们了。"

突然，屋内一道亮光闪过，原来是吊灯妹妹讲话了："过去在我们灯家族里，人员很少，而且长相很难看，现在可大不一样了，不仅品种多，而且越来越漂亮了。"

站在一角的冰箱哥哥说话了："瞧，我多威风啊！主人常常把各种好吃的肉都放进我的肚子里。昨天，主人还买回了许多雪糕呢！有脆筒、甜筒、滚雪球……真是应有尽有。"

"大家不要再争论了，主人家的变化说明我们主人家的生活越来越好了。来，我们一起为我们的相聚唱支歌吧！"电视机爷爷提议道。

不等他们一起来唱歌，时钟"当当当"响了六下，家具和屋里的各种摆设只得依依不舍地回到了自己原来的位置，停止了说话。

七朵仙花

赵佳琪

很久很久以前，在一座非常高的山顶上盛开着七朵美丽的花，它能满足人们的任何愿望。如果你想去，你就得一直朝着南面走，不停地走七七四十九天，你就会看见一座美丽的城市，城市中央有一座十

分高大的山，七朵仙花就在这座山上。这个城市的国王有一个小女儿叫玛娅，她长得十分漂亮，雪白的皮肤，修长的身材。玛娅已到了该成婚的年龄了，国王想为女儿找一位聪明而富有的青年。这天，他把全城英俊而富有的青年全都找来，国王问这些青年人说："什么东西一掉下来全世界都会变黑？事实与谎言之间相差多远？我给你们三天时间去思考。"

三天过去了，富人家的少爷们谁都没有想出来，只能去宫里碰碰运气。这些青年到齐后，国王说："你们谁想出了那两道题的答案？"这些少爷们低着头，谁也不知道。这时一位穿补丁衣服的青年站出来说："国王陛下，我能回答您的问题。眼皮一掉下来，全世界都会变黑，因为眼皮掉下来，就会把眼睛遮住。第二个问题就更简单了，事实与谎言之间只相差五个指头那么远，也就是眼睛与耳朵之间的距离，因为我们经常是用耳朵听到谎言，用眼睛看到事实。"

国王听了十分满意，又对他们说："他答得很对，就算大家都过了第一关。现在还有第二关。你们谁能爬到山顶上去，把那七朵仙花摘下来，我就把女儿嫁给谁。"人们一听，争先恐后地奔出宫门上路了。那些少爷们由于害怕吃苦，谁都没有登上山顶，而那位穿补丁衣服的青年经历了千辛万苦，终于爬上山顶，采到了七朵仙花。在回来的路上，他为了帮助有困难的人，用了七朵中的六朵，回到宫中，他只剩下一朵花了。

国王说："这只是一朵花，我要的是七朵仙花。"青年听了并不生气，他对着仙花轻轻地说："让国王知道真相吧！"突然，这朵仙花变成了一位老人，手里拿着一面镜子。老人对国王说："请看。"这面镜子立刻把这个青年下山时所做的好事全都呈现出来。国王看后，赞叹不已。三天后这位青年和公主结了婚，听说他们一直过着美满幸福的生活。

月亮姐姐，我回来了

范晓晶

月亮和星星每天晚上都勤勤恳恳地在那黑得像几百天没洗过的抹布样的天空上站岗，为大家照明。

可是，终于有一天，星星受不了寂寞，趁月亮姐姐不注意，偷偷地来到了人世间，"哎呀呀……这人间比那块抹布不知美多少倍。"碧绿挺拔的大树，甜丝丝的阳光，还有那娇小的小草和同她一样美丽的花，一切都那么柔和、明丽、美不胜收。星星和小花小草躺在一起，也做了一朵淡黄、闪烁的花，享受着阳光和露珠的滋润。

夜深了，睡了一个舒服觉的小星星醒来了，抬头望望天空，突然发现天空中只有月亮孤单地挂在那里，黑黑的迷雾绕着她，使她更显得神秘、幽静。小星星马上涌起了回家的念头，她越想越不安心：月亮姐姐在干什么？我是不是该回家了？

星星一步一步又悄悄地回到了天空，她躲在云后面，看姐姐在干什么。星星吓了一跳："呀！姐姐怎么变得这么憔悴，满脸皱纹，无精打采。我才走了一天姐姐就老了，以前她是那么美。"星星不再犹豫了，扑上前去："姐姐你不要哭了，我回来了！"月亮姐姐笑了，变得和原来一样美丽，她们又在一起快乐地站岗。

小朋友们，你们这下知道为什么一下雨，月亮和星星就不见了吧？那是因为星星跑到人间去玩，月亮哭了，就去找星星去了。

小小美食家

王　娜

春有春的蓬勃，夏有夏的热烈，秋有秋的浪漫，冬有冬的乐趣。人生就仿佛四季，匆匆走过，不留下任何一点儿痕迹。

那一年，我三年级。一天放学，天空一片阴沉，太阳公公摆着手和我们说再见了。妈妈一直没回家，我的肚子开始"咕咕"叫了。我摸了摸肚子，又看了看厨房，什么都没有，啊呀！老妈，你怎么还不回来？再不回来，你女儿真的要被肚子折腾死了。

一分钟过去了，十分钟过去了……

妈妈还是没有回来，我只好自己动手了。思考了一番后，我打开橱柜，拿出了几颗鸡蛋，对，我可以煎鸡蛋。我拿出平底锅，倒了点儿油，拿起鸡蛋用力在锅边一敲。黄黄的类似一个小皮球的小球，还有那白白的蛋清，流入锅后，鸡蛋在使劲地叫着，它好像很疼，好像在呻吟。但是，为了填饱肚子，我只能这样了。我又想出来一个鬼点子，就是在鸡蛋上撒一点儿调料，说不定那样会更加好吃。

马上就熟了，那黄黄的蛋黄，白白的蛋清，烤得油油的，一股香喷喷的味道传入鼻子，我的口水都飞流直下三千尺了。

不久，一个焦皮嫩肉的煎鸡蛋就搞定了。这时，妈妈回来了，说："什么东西这么香？"我自豪地说："煎鸡蛋呀，我做的，哈

073

废墟下的阿曼达

哈，我厉害吧！""真的呀，我女儿会做煎鸡蛋了，真棒！哈哈，我是小小美食家。

都是电视惹的祸

米丹丹

想起今天早上的遭遇，我不禁责怪起电视："唉，都是电视惹的祸！"

昨天晚上，我坐在电视机前，两眼紧盯着电视屏幕。卡通节目一集接一集，实在精彩极了，使人应接不暇。"哎，丹丹，快8点了，还不赶紧做作业？等会儿又得加班到很晚。"妈妈劝说着。我只是漫不经心地应了一句："好啦，好啦，快完了。"妈妈见说不动我，只好摇了摇头走开了。

不知不觉，烦人的广告又出来了。"唉，真扫兴。"我伸了伸懒腰，望了望钟表，啊，都已经9点了。我赶紧关上电视，"妈，你怎么没给我提个醒？"我埋怨起妈妈，谁知妈妈连理也不理我。

我急得就像热锅上的蚂蚁——团团转，眼皮已不听使唤地覆盖了我的视线，身体已疲倦了，可一想起老师那严肃的面孔和那句句刺耳的话，也只得努力加班，直到夜深人静……

"喂，该起床了，已经7点半了，快起来……"蒙眬中，我听到妈妈的喊声，只见妈妈正朝我大吼大叫。"晚上不早点儿做作业，只想着看电视，现在好了吧，都快8点了。"妈妈批评我，"不努力学习，一心只想看电视，我看你以后能有什么好成绩……"我捂着耳朵，提着书包，飞速地赶往学校。

"报告——"我看了看手表，还是迟到了，可这时同学们却都哄堂大笑。我低头往下瞧，心不禁缩紧了：一脚穿拖鞋，一脚穿皮鞋，裤子穿反了，衣服上的纽扣一上一下错位了。我的脸"唰"地热了起来，真恨不得挖个洞钻进去。"你看你，都已经是毕业班的学生了，居然到8点才到校。给我站在外头，别进教室上课……"一句句刺耳的话钻入我耳里，像一根根针刺入我的胸膛，我不禁说："都是电视惹的祸……"其实认真想想，这也不是电视的错，而是我自身的错，谁让我经不住电视的诱惑，谁让……

唉，其实都是我自己惹的祸。

配 眼 镜

勾　畅

整整一个上午，天空阴云密布，似乎在幽幽地叹息，飘下如丝的细雨。湿漉漉的街上，行人车辆如梭般一闪而过，来去匆忙。就在这黑色的初秋的星期天，我，即将面临一个无比巨大的考验——配眼镜！

下午，等细细的雨丝稍停，我在一片愁云惨雾的笼罩下，忐忑不安地与妈妈来到五官医院。别以为我在故弄玄虚，要知道医生可是要用"散瞳"这种可怕的方法来判断我是否是真近视，是否需要配镜。散瞳——你看过侦探电影吧，少年侦探翻了翻受害者的眼皮，做作地甩甩头发，皱皱眉头："此人瞳孔已放大，看来是没有生还的希望了。"啧啧，想想就让人头皮发麻，浑身发冷。你说我怎能不紧张呢？

在我的心目中，和地狱、天堂都是同义词的医院终于到了。一位挺和善的医生接待了我，他先让助手用一般的视力表查视力，然后拍拍我的头对助手说："来，散瞳看一下。"恐惧！我本以为他会把我带到一个手术室给我开刀，谁料，他只让我坐在一个木凳上，要给我滴眼药水。我刚松一口气，不由得又紧张起来。要知道，自打小时候起我就最怕滴眼药水，我是又叫又跳又闹，折腾上足足一个小时，那眼药水才滴入我的眼眶。总而言之，"滴眼药水"在我那幼小而易受伤害的心中是恐惧的代名词。此时，坐在长凳上的我眼睁睁地看着医生拿着眼药水过来，想要逃走．腿却软软的、虚虚的。

我惊恐地瞪着那眼药水滴入我的眼眶，我闭上了双眼……咦，奇怪，似乎没那么痛苦嘛！窗外，雨又下了起来，雨打着窗外的柳树发出"噼噼啪啪"的声响，加上汽车的鸣笛声，戏雨的孩子的欢笑声，组成了一支美妙的交响曲。我悠然自得地哼着小调，而那恐惧早被我抛到九霄云外了。半个小时过去了，检查结果——我是真近视了。我配了副眼镜，然后走在了回家的路上。

走在路上，虽然还有点儿散瞳后的不适应，但远没有我想象的那样惊天地、泣鬼神的惨烈，我觉得身上似乎多了些什么，又似乎少了些什么。我的心不由自主地愉悦起来，看来一切"恐怖事件"的本身并没有那么令人害怕，不过是人们的恐惧心理将其放大为世界末日罢了。

成长的故事

郝　毅

　　每个人都有自己的成长历程，在成长中有自己的快乐与烦恼，我也不例外。我至今忘不了那件事。

　　那时七岁的我可以说是天真、幼稚。不知什么时候，我不知不觉喜欢上了画画。从此我生活中便多了一个念头——画画，这画画随之成了我的梦想。所以我决定要画出世界上最美丽的画。

　　那一年是夏季开学，妈妈给我报了美术班，我高兴得只能用欣喜若狂这个词来表示。不久我就成了班里的美术组长，专门负责"管理"其他同学，而且老师常常表扬我让同学们向我学习，因为我上课认真听讲，从不开小差，而且画画也是一丝不苟。正是这样，傲慢心慢慢地占据了我原来认真的态度，自以为是，觉得反正老师画的我都会画。于是认真听讲的我不见了，上课跟同学们偷偷地玩，做作业也不拿铅笔做而是在那儿乱画。果然，老师把我叫到了她的身边说："画画是一门艺术，你如果继续这样的话，你觉得能画好吗？没有一位画家是不刻苦练习，就能画出令人称赞的画。"老师的话似乎点醒了我，从此以后，我变得更加认真了。

　　终于有一天，学校要开画展，我凭着自己的画得了第一名。当我把奖状给老师看时，本以为会得到赞赏，可是老师眉头紧皱，我以为

废墟下的阿曼达

自己又让老师失望了，可老师却笑着说："练习画画贵在持之以恒，永不自满，只有向自己挑战，才能达到更高的境界，获得更大的成就。"

是啊！学无止境，骄兵必败。这一段经历教会我：不断挑战自己，永不自满。

裤子破了

曹 帅

有一件事，每次想起来，我都会笑得前仰后合，肚子发痛。

那是一次活动课，老师叫我们各自去准备达标项目。正当我们练得起劲时，只听立定跳远场地传来了一位同学的惊叫声："赵凯的裤子破了，快来看啊！"同学们一听都纷纷涌了过去，那时的速度，胜过任何一次集合。我也不例外，赶到一看，只见赵凯满脸惊恐。偏偏有调皮的男同学还想看他出洋相，一副想揭开"伤疤"跃跃欲试的样子，惊得赵凯用双手紧紧地捂着、遮着、拉着、扯着。我想，他一定恨不得长千手观音那么多的手吧。不一会儿，赵凯裤子破了的"大事"就闹得满城风雨。

赵凯被大家弄得狼狈不堪，独自冲往楼上教室。爱看热闹的同学都像抓拍镜头的记者，迅速跟上。等大家赶到，"主角"早已坐在自己的椅子上，正大哭着呢。

这时，王鑫走过去打趣道："赵凯，你裤子破了，难道要在学校待一夜不成？"王鑫的话让赵凯哭笑不得。看到赵凯哭了，我再也笑不出来，走上去安慰他："我们不该嘲笑你，你这样哭也无济于事，咱们一起想想办法，把裤子补上吧。"

我把校服上衣脱了下来，帮赵凯围在了腰上，虽然看起来很怪，好像穿了一个裙子，但总好过光屁股呀。

曹蕊的外号

崔家铭

我的同桌叫曹蕊，她有一个外号叫"曹操"。这是为什么呢？

一次，我正在和冯洁说曹蕊能在这次语文测试中考多少分，结果一个狮子吼，曹蕊蹦了出来，开玩笑地说："你俩偷偷说我什么坏话呢？"我和冯洁异口同声说道："你一天神出鬼没的，说曹操，曹操就到，你别叫曹蕊了，以后叫你曹操吧！"曹蕊装着不高兴的样子，说道："我不是曹操，我是学校大名鼎鼎的曹蕊。"边说还边做出个英雄的动作，我和冯洁都快笑破肚皮了。她得意扬扬地在前面走着，我们两个在后面捂着嘴，生怕笑出声来。

曹蕊是个特别有爱心的人。一次，我同曹蕊一起放学回家，一个小女孩儿在可怜地乞讨。曹蕊走上前，把自己坐公交车的钱给了小女孩儿。公交车来了，可是我们却没钱坐车，最后只能走着回家。曹蕊不但没有不高兴，反而很开心地跟我说："我们刚才帮助了那个小女孩儿，她今天能吃一顿饱饭了。"

能成为曹蕊的同学，我真的好开心。

我 的 同 桌

宋小龙

我是一个非常顽皮的男孩儿，谁跟我坐在一起，我保证能让他"鸡犬不宁"。

有一天，班里来了一位新生。听说是一个留级生。这个女孩子长得又高又胖，我真有点儿怕她。可老师偏偏让她坐在了我的旁边。我心想："既然你已经坐过来了，我也不是好惹的，准让你过不上好日子！"

第二天早上，我一早就来了，想搞点儿恶作剧。我从书包里拿出了万能胶，涂在她的椅子上，然后，又把一个模型老鼠放在她的书桌内。她一来，当然什么也不知道，一屁股坐了下去。我一看，马上大笑起来。她有点儿莫名其妙，以为出了什么事，马上站了起来。我有点儿吃惊，因为她的裤子和椅子，并没有粘在一起。我失望地想，万能胶涂得太早了，早就干了。我一下子就像泄了气的皮球。可再一想：女生们最胆小，看到小虫子都要大叫一声，这回抽屉里面的老鼠不把她吓倒才怪呢！我这叫"一计不成，还有一计"，非叫她出洋相不可。想着，我就拿出书来，装出一副认真读书的模样。她又坐下后，就去拿书，伸手往书柜里一摸，摸出了那只老鼠，可她却一点儿也不怕，反而指着老鼠说："你这臭老鼠，正经事不干，偏想来吓唬我，看我怎么收拾你。"说着一下子拍过去，把我的小老鼠打坏了。我一看，真是又急又气，就大声质问她："谁让你把我的老鼠打坏了？"她却不慌不忙地反问我："你的老鼠怎么跑到我的书柜里？"我一下子被问成了哑巴。我的"连环计"失败后，心里总是不舒服，就经常找碴儿骂她，可她就是一个政策——一概不还口。弄得我一点儿办法也没有，想打架也打不起来。

有一天，下大雨，我收拾完书包之后，一溜烟冲出教室，想一口气跑回家。中途，跑到一个小亭子旁边，雨下得更大了，我就跑进去避雨。可一摸背上，书包不见了。怎么办？找吧，这么大雨怎么去找；不找吧，回家怎么做作业！正当我左右为难，急得发呆时，从大雨中冲来一个身影。是她，正是她！只见我的同桌，紧紧抱住了我那个蓝色的大书包，因为怕书包被雨淋湿，她就用雨伞护着，而她自己的一半身子，却露在外面。她赶上来说："回家时，我看到了你的书包，赶上来给你的。"我愣住了——我真的不敢相信，这是我的同桌吗？一个经常被我骂的同桌！她竟然会把我的书包特意送来，而自己却被雨淋湿！我抱着书包，心里真不是滋味，嘴上一句话也说不出来。她没再说什么，把伞塞给了我，一扭身跑进了大雨中。

从这以后，我改变了对她的态度，主动帮助她学习，过了一段时间，她的学习进步了，我才觉得心里舒服了一些。

那个那个

张伊蒙

最近，班里刮起一阵"那个那个"风，究其原因，来自我的同桌——尹晟。

一下课，尹晟就冲出教室呼朋唤友："那个那个商一旦，那个那个来玩！"天哪，一连四个"那个"。这不，上语文课了，老师叫他概括段意，全班三十七双眼睛齐刷刷地盯住他。只见他先来了个深呼吸，开口就说："那个那个那个……课文写了那个那个那个……"全班哄堂大笑，连老师也"扑哧"一声笑了，但仍安慰他："别急，再做两次深呼吸，慢慢说。"尹晟依计而行，一张口："这个课文写了那个……""那个！"全班同学异口同声地叫了起来，尹晟也不好意思地坐下了，轻声嘀咕着："那个那个，总有一天，我那个那个总不会那个那个了！"

作为他的同桌，我晕！

新龟兔赛跑

刘嘉天

自从龟族祖先赢了兔族祖先后，龟家族就一直高高在上，目中无人，对兔族更是抱着一种瞧不起的态度。龟老板整天吃喝玩乐，没事就躺在吊床上摇晃。火爆兔是兔族的新一代领袖，下定决心要雪耻！他勤加锻炼，不管是三九天还是三伏天。有一次，火爆兔在锻炼时，无意中听到了龟老板的谈话——

"那兔族就是个四肢发达、头脑简单的笨蛋家族……"火爆兔当时就生气了，他向龟老板发出了战书："龟老板，我要与你赛跑，敢不敢来？如果不敢的话，我就在新闻中公布你是胆小鬼！"龟老板大惊失色，就像被孙悟空大闹天宫时的玉皇大帝似的，慌了神。他既不想比赛又不想损失自己的名誉，但是没别的办法，只好答应了……比赛的前一天晚上，龟老板邀请裁判——狐狸先生吃饭。正吃得热闹时，龟老板看四下无人，然后趴到狐狸先生耳边，悄声说道："老兄，你看明天的比赛能不能照顾照顾……"说着，还把一大笔钱地塞进狐狸先生的手里。狐狸先生把钱一装，哈哈大笑起来……

"砰！"枪声一响，比赛开始了。火爆兔似离弦的箭一样飞快地向前奔去，"嗖"的一声就没影了。而龟老板，却不慌不忙，说是跑着，倒不如说是散步，他的脸上摆出一副胸有成竹的表情，露出奸诈的笑容。

"怎么会！"快要跑到终点的火爆兔露出一副惊讶的表情，龟老板竟然在终点睡懒觉！火爆兔顿时怔住了，内心百感交集："怎么会？我一直在他前面啊，压根儿就没看到他超过我，怎么输的？"火爆兔张了张嘴巴，可发不出任何声音。

酒店里，龟老板正和老狐狸推杯换盏。

"老兄啊，真是多亏了你的妙计，实在是高明。终点放一只机器龟，长得和我一模一样。这次比赛以后，兔子一定再也不敢挑战我们了。"龟老板一边喝酒，一边说道。"哈哈，咱们关系这么好，我当然要帮你取胜了。"老狐狸得意地大笑起来。

这时，门突然被撞开了。只见猫警长和火爆兔站在那里，火爆兔一脸正气地说道："我早就知道你们有猫腻，这下证据确凿，天网恢恢，看你们还怎么狡辩！"

084

龟兔赛跑

苏勃瑞

自从上次龟兔赛跑，乌龟赢了兔子后，兔子就很不服气。今天，兔子和乌龟准备再比一场。

兔子说："我们这次赌一场，谁输了，就给对方一枚金币。"

"好！"乌龟答道，"那我们的比赛时间就定在今天下午的2点钟。"

乌龟一回到家，就对它的妻子说："今天我要和兔子比赛，到时候，你就一直站在终点线，等它跑过去，它就会把你当成我，它就会以为我已到了终点。"

　　"好主意，好主意。"它的妻子连连称道。

　　到了下午2点，兔子和乌龟如约来到比赛现场，而乌龟的妻子也早早在终点等候了。

　　今天的主裁判是猴子，它刚一放枪，兔子和乌龟就都跑起来。可乌龟才跑了一半就停了，藏到一边的树丛里，兔子却以为乌龟被甩出很远了。

　　兔子飞一样地跑到了终点，它想到自己马上就要胜利，高兴地笑出了声。可是，兔子跑到终点，却看到乌龟已经站在终点了。

　　就这样，乌龟再次赢了兔子，得到了一枚金币。

当乌鸦再次遇到狐狸

张　金

　　上一次，乌鸦被狐狸骗走了肉，很不甘心。

　　一天，乌鸦又找到了一块肉，它刚飞到树枝上，准备美餐一顿。这时，狐狸悠闲地来到树下，狐狸一看到乌鸦嘴里的肉，口水都流下来了。它眼珠子滴溜溜转着，一脸敬佩地对乌鸦说："乌鸦小姐，您的歌声非常动听，再来唱上几句吧！"乌鸦心想："上一次就被你骗走了我的肉，这次我一定不会再上当了！"

看到乌鸦一动不动，狐狸又近乎谄媚地说："您的羽毛比孔雀的都好看，您就说上几句吧。"乌鸦又动心了，可是吸取了上次的教训，还是一动不动。

见乌鸦还不说话，狐狸破口大骂："你这个坏东西，昨天欺负了小松鼠，抢小松鼠的食物！我要把这件事告诉所有人，你会臭名远扬的。"乌鸦一听，气得大喊："胡说八道！我什么时候抢过小松鼠的食物？"一张口，嘴里的肉掉了下去。

狐狸叼住了肉，三口两口就吃完了。它高兴地对乌鸦说："再次谢谢你的肉，哈哈！"说完，就得意扬扬地走回了洞里，睡起了觉。

乌鸦非常懊悔地说："下次，我再不会被你骗了。"

"那可不一定。"狐狸的声音从洞里传了出来。

086

乌鸦喝水

闫 阁

乌鸦口渴了，就飞到天上找水喝。它飞呀飞，飞呀飞……看见了一口井，就飞到井边上。

可是，井太深了，乌鸦还是喝不到水。然后，它就用老办法把石子往井里填，填呀填，一颗石子，两颗石子，三颗石子……

过了好一会儿，一位农民伯伯来打水，看见乌鸦这样做，笑着说："乌鸦，如果你面前是一瓶水，你可以用老办法取水，但是，你现在对着的是一口井呀，也要想想看能不能行得通呀！"说完话农夫给了乌鸦一点儿自己打的水，然后就走了。

农夫走了没多大一会儿乌鸦就把水喝完了，可是它还想喝。于是就在那里等人来给它水喝，等呀等，等呀等……

终于等到了一个年轻的小姑娘，小姑娘看它可怜巴巴的样子，打了半桶水送给它，然后对它说："小乌鸦，你不能一直等着别人帮你呀，要是没人来，你就渴死了。"

终于喝饱了，乌鸦开心地飞了起来。

过了很长时间，乌鸦又渴了，但是这一次，再也没人来打水了。最后，乌鸦只好自己飞到井里喝水，可是，它掉进井里淹死了。

这个故事告诉我们，要灵活变通，寻找行之有效的方法。

一篇作文

于静茹

087

每当看到报纸上一篇篇优秀的作文，我就会想起三年前的一件事，这件事给我的教训，我永远也忘不了。

记得三年级第二学期，老师布置了一篇作文，题目是"记童年的一件事"。在放学的路上，我想，每次写作文我都要花很大力气、很多时间，结果总是得不到老师的表扬。这次干脆抄一篇现成的文章，既省时又省力。好！就这么办！

回到家后，我拿出家里的几本作文书，找了一篇《童年记趣》。这篇作文正符合老师的要求。不一会儿我就把这篇"冒牌货"工工整整地抄到了作文本上，满意地看了看，小心地把它放进书包里。

　　第二天，老师在语文课上评比作文，拿出我的作文说："于静茹的这篇作文写得很好。"说完叫我读给同学们听，我差点儿吓出冷汗来，只好结结巴巴地读了一遍。那几天我一直坐立不安，脑子里总想着这件事，就连睡觉都会梦见同学们三五成群地在议论纷纷。我好像在每个角落都能听到同学们谴责的声音。

　　过了几天，同学们向老师反映，说我的《童年记趣》是抄的。放学后，老师把我叫到办公室，她语重心长地说："学习要脚踏实地，不要怕花力气，也不要怕花时间，刻苦学习的人才能获得属于自己的好成绩。"听了老师的话，我的脸火辣辣的，心里又羞愧又后悔。

　　一晃三年过去了，现在我已上了六年级。但是三年级那次深刻的教训，我却怎么也忘不掉。因为那件事让我明白了一个道理，那就是学习是来不得半点儿虚假的，只有脚踏实地地苦干才有希望到达光辉的顶点，才能获得真正属于自己的好成绩。

展翅翱翔

崔　帅

　　新的一学期开始了，时间过得真快，再过半年，我们就要毕业，进入初中生活了。一想到将要面临分别，同学们的心里就开始难过起来。

一份特别的礼物送到了我的面前——那是一封信，信里是同学们一起出去游玩的照片。望着照片上如花的笑脸，鼻子忍不住有些酸。回首这六年，有成功后的喜悦，有失意时的失落，有风雨中的真挚，有冲动后的歉疚……有太多的欢笑，也有太多的泪水和失望，最终凝结成了一颗颗闪亮的银星，挂在记忆的幕布中，是那么的珍贵，永不消逝。

信的背面，是一朵盛开的牵牛花，上面是班主任娟秀的字体："牵牛花是自强不息的。无论遇到什么困难，都不会退缩，不会逃避，勇敢地向上生长。同学们，我希望你们也能像这牵牛花一样，无论顺境，逆境，都会勇敢地面对……"默默地翻着语文书，从第一页翻到最后一页。每翻一页，心就往下沉一寸。是的，等这本书学完了，小学生活也就结束了。但这结束又意味着另一个开始，另一个崭新的开始，另一个海阔天空的开始，另一个展翅翱翔的开始。我坚信，有梦终会实现，明天会更美好！

089

尊严

　　我们都要懂得做人的尊严，还要努力维护别人的尊严，不要只想着从别人那里索取。只要你做到这点，相信你也是一位有尊严的人。

心愿圆圆

崔雪妮

说到心愿，相信每个人都有，我也如此。但在众多的愿望中，有一个是我最想实现，也是至关重要的，这个愿望就是爸爸能早日回家。

那年，我刚满五岁。一个冬日的夜晚，警笛的长鸣打破夜的寂静，由远及近。警察突然来到我家，将爸爸带走了。年幼的我不知道发生了什么，只是哭着要爸爸。之后的日子便再也没见到过爸爸，看到的是妈妈的眼泪、奶奶的白发，听到的是爷爷的叹息。

等长大些，才从奶奶的语言中，渐渐明白爸爸犯了错误，要很久很久才能回家。因为这，我也失去了妈妈：妈妈另嫁他人。我成了爷爷奶奶的孩子。每当看到别的同学一家人开开心心地上街，和爸爸妈妈手牵手，听到同学们谈论有关爸妈的话题，学到关于父母的课文……我就会心里发酸，眼中生泪。有时，我也会一个人悄悄抹泪。

我爸爸早日回家才是我最大的心愿，希望爸爸能积极改造，多立功，早日回家，早日实现我的愿望。

爸爸，我们全家等你。

你瞧，今夜的月多圆，期待我们早日团聚。

幸福的一家

杜媛媛

我有一个幸福的家，家里有一个幽默的父亲、一个慈祥而又爱唠叨的母亲，还有一个快乐、贪吃的我。

那一天，我要去秋游。一早起来就听见了妈妈的唠叨："乖乖呀，把面包带上，再带个苹果吧，别饿着了。"我无可奈何地把苹果和面包塞入鼓鼓囊囊的大书包里。可她还不放心，又唠叨起来："把小刀带上，苹果别吃皮。对了，带件外套，别冻着，再带十元钱吧，到时候还少什么自己买。"我把东西都装好，吴佳来找我一起去学校。我还没走出门口，妈妈又说："路上当心车子，别玩危险的游戏，秋游回来立刻回家。"我边走边回答："知道了，知道了。"我已经走下了楼，她还站在门口不知在唠叨些什么。瞧，我的妈妈是不是很爱唠叨？

除夕之夜我们一家人坐在电视机前看着电视。爸爸拿起话筒，清了清嗓子，整整衣领，严肃地说："现在请十大笑星之一的杜先生表演小品《笑掉大牙》……"话还没说完，我和妈妈已经笑得前俯后仰了。他接着说："下面请欣赏女高音歌唱家喻小姐的《唠叨之歌》。"我笑得更欢了，妈妈说："你看你，都几十岁的人了，还像个小孩子，成何体统。"爸爸立刻解释："夫人，此话怎讲，笑一笑十年少嘛！你们看我是不是越来越年轻了？""臭美，不知道。"我撅了撅嘴，笑着说。爸爸趁机说："现在请看话剧《馋猫吃鱼》，由杜媛媛演馋猫。"妈妈捂着肚子笑了，我却哭笑不得。

爸爸说我是馋猫也不是没道理的。瞧，饭还没盛好，两只蛋卷已经进了我的肚子。爸爸瞪了我一眼，我却又把两块瘦肉夹到碗里。妈妈看到我的馋猫样儿说："你呀，吃慢点儿，又没有人跟你抢。""谁说的，有人抢。吃到肚里别人才抢不去。"我边吃边说，急得连饭都喷到了桌子上。爸爸妈妈听了都笑了，我也跟着傻笑，欢乐的笑声挤满了屋子。

看，我有一个多么快乐幸福的家！

处处留心皆学问

石 蕾

有这样一句话让我铭记在心："处处留心皆学问。"

在我们生活中，只要留心观察，就能从一些细小的地方、平常的事情中获得知识。日积月累，这些知识就如粒粒沙子，堆成了小沙丘。当你遇到问题时，你从自己的积累中找出相关的知识来解决，这些问题就能迎刃而解了。正因为我信奉这句话，所以受益匪浅。

一次自然课上，老师对我们进行一次小测验。课本上的内容大家都很熟悉，考起来并不费力。可是，老师却别出心裁地出了一道课外题，问鱼有什么内脏。同学们都给难住了，有的傻愣愣地瞪着黑板，

有的皱着眉头咬笔杆。而我呢，略加思考，便胸有成竹地在试卷上列出：肝、鳔、胆、肠……一鼓作气写了出来。几天后，考试结果出来了，我拿了个一百分。同桌半开玩笑地说："石蕾，你是不是在考试之前解剖过鱼呀？要不怎么对它的内脏了如指掌？"我神秘地说："处处留心皆学问！"上个星期天，我看奶奶剖鱼，鱼的内脏刚被掏出来，我就像个"小问号"似的缠住奶奶，问它们叫什么名字。奶奶没法子，只好依次报了出来。我认真地听着，用心地记着。也不知什么缘故，我记得特别牢，一个个都好像在脑海里扎了根似的。谁知这"留心"而来的"学问"，竟在这次考试中用上了。啊，我这个一百分可是"处处留心皆学问"这句话送给我的啊！

　　"处处留心皆学问"这句话使我不但在学习上尝到了甜头，而且在生活中也受益匪浅。一天，我无意中看到姐姐在一篇作文中写道："一串红在这美丽的春天里绽开了笑脸。"我猛然想起，我们学校的花坛里也有几盆一串红，可是全都是秋天开的呀！我把自己的想法告诉了姐姐，姐姐拍着我的头说："小蕾，真谢谢你，我把映山红和一串红给弄混了。这篇文章我还想投稿呢！若被登出来，岂不是闹了个大笑话！"我心里喜滋滋的，更感到"处处留心皆学问"的妙处。

　　是啊，处处留心皆学问。只有留心生活，我们才会感受到生活的丰富，体会到学习的乐趣。

尊 严

王 瑞

　　一个周末的下午，我们一家去超市购物。在超市门前，我看到许多人围在一起，不知在干什么。出于好奇，我和爸爸前去看个究竟，原来是一个卖艺人在拉二胡。

　　这位艺人拉得非常投入，似乎感觉不到周围人的存在。他白发苍苍、骨瘦如柴、衣服破旧，让人看了很心酸，谁碰上都会慷慨相助的。他坐着一把破旧的椅子，脚下放着自己的行李以及曲目表。他拉得非常好，很流畅。等他拉完一曲后，周围人发出一阵阵喝彩声，还不时传来"再来一曲"的声音。又一曲终了，一个中学生开始和卖艺人交流自己的感受，中学生说："你拉得真好，我能跟你学吗？"卖艺人笑着说："只要你不嫌弃。"我弓着腰向地上看了看，地上已有许多听者留下的零钱，我心里暗暗夸赞："这个艺人真有本事，能靠自己的劳动获取报酬。"

　　因为我们刚学了《尊严》一课，所以我问爸爸："你觉得这个人有尊严吗？"爸爸略加思索说："我觉得这个人有尊严。"我应和道："这个人不像乞丐、小偷等不劳而获，而是用自己的本事来养活自己，这种人是有尊严的！"

　　是呀，我们都要懂得做人的尊严，还要努力维护别人的尊严，不要只想着从别人那里索取。只要你做到这点，相信你也是一位有尊严的人。

爸爸的巧手

崔佳明

我的爸爸有一双巧手，它什么都会。

啊，我多么想要一个自己的小布袋呀。我把这个想法告诉父亲，父亲赞同地说："好呀！"正说着父亲就要掏钱包，我尴尬地说："我不想要别人的，我想让你给我做一个。"父亲立马兴奋起来："好呀，刚好让你看看爸爸的'巧手'称号是名不虚传的。"我连忙拍手叫好，我们一起用剪刀剪下一块漂亮的布料，开起工来！

布袋做好了，我们班的同学都很羡慕我，甚至还有人嫉妒我有这样一个好爸爸。

爸爸的巧手可真厉害。

好疼啊，我从自行车上掉下来，车圈也被弄坏了，我哇哇哭了起来，爸爸听见了，连忙赶了过来。我一边啜泣，一边告诉爸爸车子坏了的原因。爸爸用他的双手抚摸着我的头说："没事，爸爸给你修。"说完他便走了，我疑惑不解，爸爸的巧手会做小布袋，难道还会修自行车？第二天早上起来，我看见客厅放着一辆很熟悉的自行车，原来这就是那辆被修好的自行车。

我爸爸的巧手可真厉害。

我爸爸的巧手是万能的，它什么都能为我做，长大了我也要有一双巧手，给爸爸做让他开心的事，我现在可以做的就是好好学习，天天向上。

球迷老爸

林　莉

爸爸有很多爱好，尤其爱看篮球比赛。爸爸看篮球比赛的时候特别专心，只要比赛开始，他就什么都顾不上了。

有一天，爸爸教我炒鸡蛋，他教我怎样把鸡蛋打开，可是我怎么也打不好。爸爸看了看表，赶忙对我说："你先自己练一会儿，比赛开始了，我看一下再回来。"然后飞快地跑去看电视了。

我接连打了三个鸡蛋后，大声地问爸爸："爸爸，鸡蛋打好啦，现在该放什么？"就在这时，听见爸爸喊："加油！加油！再来一个，再来一个。"我就连忙放了两勺油，又打了两个鸡蛋，然后，我对爸爸说："爸爸，还要做什么？"爸爸大声喊："加油，快加油，再来一个。"可是，到最后鸡蛋已经没有了。

我连忙端着打好的鸡蛋给爸爸看。爸爸大吃一惊，我奇怪地看着爸爸说："这不是你叫我这么做的吗？"爸爸听了莫名其妙地看着我，我突然明白，原来爸爸刚才一直在说篮球比赛。看着我手里的一大盆打开的鸡蛋，爸爸说："今晚就吃炒鸡蛋加鸡蛋汤。"我听了哈哈大笑，爸爸也笑了。

糊涂的老爸

曹秀琼

我打开衣柜，忍不住大叫："呀！乐队的制服怎么皱得像萝卜干？明天就要表演了，怎么办？"听到我这么一叫，老爸拍拍胸脯，说："没关系，包在我身上。"我一听，高兴得不得了，马上走到储藏室，把熨斗拿出来。老爸去搬熨衣板，准备大显身手。

接着，老爸把衣服放在熨衣板上，挥了挥熨斗，大声说："来，看我熨得美不美？"我望着空空的插座，说："爸爸，你好像忘了插插头？"爸爸低头一看，不好意思地说："嘻！竟然忘了！"说完连忙把插头插好，再一次地拿起熨斗熨来熨去……熨好了，他摸摸衣服，说："咦！怎么凉凉的？"我看着熨斗的开关，笑着说："爸爸，你好像忘了打开开关啊？"爸爸一看，嚷着："哎哟！怎么这样啊？"

我的糊涂老爸很可爱，其实他一点儿也不笨，他不但会把衣服熨得像河粉一样平滑，也会把我皱皱的眉头烫平呢！只是这一次太粗心了。

"杀手"爸爸

邱啸天

今天，爸爸买回来两只土鸡。以前都是奶奶杀鸡，而现在奶奶正好有事出去了。望着家里人脸上的愁容，爸爸申请担任"杀手"一职。妈妈一脸不相信地看着老爸，说："你行吗？"爸爸一副满不在乎的样子说："不就是用刀那么一抹吗？"说着，在脖子上做了个手势，逗得所有人都笑了起来。

"屠杀"开始了。爸爸摆出内行的架势，吩咐我拿来刀，调皮地用刀拍了拍鸡的头："鸡先生，对不住了。"随后，眯着眼，用刀在鸡脖子上来回抹了两下，便把鸡丢在了地上。

爸爸得意地对我们说："怎么样，学着点儿。"话音刚落，只听见"咯咯"几声叫，那只鸡竟站了起来，像醉汉一样，在厨房地上走来走去。我和妈妈看着"活了"的鸡，笑弯了腰。爸爸觉得丢了面子，气哼哼地赶去捉鸡，费了九牛二虎之力，才将"逃犯"抓上了"断头台"。

这次，爸爸吸取了教训，没有立即动刀，而是对着鸡脖子左瞅右看，我问他在看什么，他回答说："找血管。"过了两三分钟，爸爸终于看准了位置，拿着刀使劲地"锯"了起来，差点儿把鸡脖子锯断了。老爸这回才松了口气："这下你该老实了吧。"

没想到，鸡刚扔到地上，它又一下蹦了起来，一个劲儿地蹦来蹦去，爸爸又慌了神，嘴里不住地大叫"回光返照，回光返照"，并顺手抄起一根竹竿压在鸡身上，直到它不动了才松开。

爸爸擦了擦头上的汗，说："没想到杀只鸡也这么不容易。"

吃鸡的时候，我望着那只鸡，生怕它再蹦出来，半天没动筷子。

与菊花的一次约会

徐　洁

那是一个星期六，爸爸带我去看菊花展。我的心里甭提有多高兴了，终于有机会一睹菊花们的"芳容"了。

一走进公园的大门，一阵清香便扑鼻而来。循着香味，那五彩缤纷的菊花就呈现在我面前。

沿着河边的走廊，各式各样的菊花"穿"着各色的衣服，团团围起了圈。花艺工人把菊花扎成各式各样的形状，有蝴蝶、小象、孔雀等，非常好看，栩栩如生。特别是用白色和粉红色的菊花一起扎成的花篮，手柄上还系着五颜六色的彩带，随风飘扬，十分美丽。

从花展的走廊及花架上可以看到一百多种名目繁多的菊花。看到这么多菊花，我犯傻了："它们叫什么名字啊？"爸爸笑着说："别急，你看它们身上都贴着名字呢。"我细细地看过去，有粉红色的"金背大红"，花瓣摸起来像绒球一样的"绿秀珠"，还有白色的"百无利"……长长的花瓣散开来，煞是好看，它们都有一个美丽的名字，而且每一个名字都那么有意思。有的花是由花的颜色命名的，有的花是由花瓣的形状命名的，还有的花是由历史人物和故事命名的。有的名字特别有意思，比如"雪点冰峰""白色精英"等。

离开展台时，我忍不住又回头看着那些可爱的菊花，美丽的菊花在阳光的照耀下，在秋风的吹拂下，绽放着灿烂的笑脸。

一次惊险的漂流

赵燕君

暑假里的一天，爸爸终于答应我，带着全家一起去黄腾峡漂流。

坐了好久的车，终于到了目的地。我原先坐过竹筏漂流，很舒服。心想，这次漂流也和上次的差不多吧。

漂流开始了。我们都很平稳地漂着，突然一个落差出现了。我赶紧闭上眼睛，双手使劲抓住船两边的绳子，屏住呼吸。只听到"唰"的一声，船就冲了下去。迎面扑来的水浪打在我的脸上，眼睛都睁不开了。我心里紧张起来，爸爸妈妈不断地安慰和鼓励我。

接下来一个地方叫"猛龙穿洞"，旁边的木牌子上写着最大落差是十二米。我害怕船被掀翻，于是大哭起来。妈妈也害怕了，我们想下船，但爸爸不同意。我哭了一会儿，停了下来，忍不住对爸爸说："我可以再哭一次吗？"爸爸说："可以！"我就又大声哭。哭完之后，我和爸爸妈妈一起冲了下去。我们紧紧抓住绳子，终于到了终点。我骄傲地说："我们胜利了！"

这次漂流真惊险，我为自己的勇敢而感到自豪！

漂流，真叫人难忘

陆　晨

汽车在连绵起伏的群山峻岭间穿行，山路凹凸不平，车子里的人们好像在玩蹦蹦床。经过五六个小时的长途颠簸，我们终于来到了梦寐以求、景色秀美的张家界景区之——天下第一漂。

下车后，我们都穿上了五颜六色的雨披和救生衣，我还买了水枪，给妈妈买了一只瓢，然后我们坐上皮艇，一百多里的漂流之旅便开始了。我们的皮艇开始一直顺着河流前进，突然不知谁大喊一声："啊！前面有好大的落差！"话音刚落，那些冰凉的湖水便毫不客气地向我们扑来。"啊，好刺激呀！"我大喊道。旁边的姐姐不屑地说："就这么一下子？"没想到，紧接着又是一个落差，这次，淋得那个姐姐满身都是水。

途中，我们还碰上了别的皮艇。此时，我向空中开了一枪，水战开始了。"啪啪啪"，我趁对方不注意，瞄准对方的嘴巴就是一阵射击，正当我捧腹大笑时，对方向我反击了，喷得我满脸都是水。大人们也你一瓢我一瓢相互对浇，我身后的叔叔竟然拿了一瓢水从我头上浇下来，使我尝到了这当头一"浇"的滋味。人们欢乐的笑声在山间回荡。这次的漂流之旅，真是有趣极了！

尊
严

卖糯米糕的老人

张嘉玺

"卖糯米糕了，卖糯米糕了……"又是这吵闹的叫卖声，把我从睡梦中吵醒，不用说，现在肯定是6点，离我起床的时间还有半小时，我睡又不敢睡，起又不想起，只能白白在床上浪费这半个小时。别提我有多恨这叫卖声了。

不知怎的，我们家附近来了一个卖糯米糕的，每天早上6点准时开始叫卖，不论晴天还是雨天，不论刮风还是下雨，雷打不动。

又是一个双休日，我正在美梦之中，突然就被拉回了现实，我生气地说："周末还让不让人睡个好觉了！"我用被子捂住头，可还是不能赶走这叫卖声。忽然有一个念头从我脑中闪过，反正今天不忙，不如看看那个卖糯米糕的人长什么样，生意怎么样。我拿了点儿零花钱就急匆匆出了门。

外面阳光灿烂，照在身上暖洋洋的，舒服极了，心情也跟着舒畅起来。随着叫卖声，我看到了一群孩子围着一个老爷爷，我想："原来生意这么好啊，怪不得每天叫卖呢！"走近一看，老爷爷穿着一身已经发白的旧军装，我心中不禁产生了几分好感。我递过钱说："来一个糯米糕。"他收了钱，用筷子夹了一个糯米糕放进袋子里，我一边尝着一边往家走去：哇！又软又滑，真好吃。可没走多远，听到卖糯米糕的老人叫我，我想：刚不是给过钱了吗？真麻烦！我不耐烦地转身回去时，他却递给我九块钱，有些歉意地说道："不好意思啊，小朋友，刚刚太忙了，没顾得上找钱，这是找给你的钱。"

看着老人微驼的背影，我不禁对他有了几分敬意。平常那些小商小贩们，他们都是以次充好，以少充多，欺骗客人，哪讲什么诚信！今天这位老人却给我上了一节生动的课，人与人之间要诚信，更应该珍惜诚信。

感动，在生命中的每一刻

刘思琪

那天下午，滂沱的大雨像开了闸门似的倾泻而出，怒吼咆哮着如子弹般密集地射在窗户上。心情杂乱无章的我失魂落魄地望向窗外。昏暗的天空下，树枝被压得喘不过气来。昔日美艳的鲜花被暴雨打得遍体鳞伤，透着几分凄凉。

一株柔嫩的绿色小草吸引了我。那弱小的身躯在强大的狂风暴雨面前显得那么娇小，却没有被狂风击倒，摇摆的身躯，伴随着风雨的节奏，跳出属于自己的舞蹈。

多少次它被人类任意践踏，多少次被飞来的石块狠狠击中。可它却凭借着自己顽强的意志活了下来。没有高大的身躯，没有艳丽的姿色，没有迷人的芳香。有的只是那"野火烧不尽，春风吹又生"的坚强，无论环境多么恶劣，处境多么艰难，它仍透出坚韧的毅力！也就

尊严

是在这一刻，我的内心涌起一丝感动——为小草蓬勃的生命力。

原来，感动如此简单，却又如此倔强。

我在书中看到了这样一则故事：老猎人在一次出猎时，发现了一只又肥又壮的羚羊，正想着抄起猎枪奋起直追时，却意外地发现那只羚羊在距离他不远的地方等着自己。老猎人诧异地向羚羊走过去，只见那只羚羊用乞求的眼神望着自己，两条前腿扑通一声跪下来，两行热泪顺着脸颊，滴在地上。但老猎人并没有因此而放它一条生路，扳机在手指下扣动……随着一声枪响，羚羊栽倒在地上。老猎人准备对羚羊开膛破肚，刀子划过，老猎人大吃一惊，在羚羊的肚子里，静卧着一只已经成形的小羊。老猎人这才明白，羚羊为什么要弯下笨重的身子下跪。原来，在生命的最后一刻，它是要保住孩子的性命呀！

轻轻合上书的那一刻，才发觉泪水已经打湿面颊。为什么我会哭泣？是怜惜羚羊不逃跑而选择求饶的愚蠢选择？是愤恨老猎人那颗冰冷不懂怜悯的心？都不是，我是被那无私的母爱深深感动了！

感动在这一刻，变得如此深沉！

其实生活中，感动无时不在。或许是清晨推开窗户，阳光透过窗棂晒到脸上的时刻；或许是骄阳似火的午后，清凉的风拂去老人脸上那一串串汗珠的时刻；或许是傍晚时分，站在山顶遥看那乡间缕缕升起的炊烟的时刻……

感动，在生命中的每一刻！

生　命

沈扬宸

　　风想把一个浑身是刺的小家伙送到一个有泥土的地方，一不留神，小家伙掉到一条石缝里。

　　"谁呀？"小家伙耳边响起一个尖尖的声音，哦，是石婆婆。"是我，我打扰您了吗，石婆婆？""可不是嘛，一个好觉都被你搅了。"石婆婆恶狠狠地说，"你等着吧，太阳会把你晒死的，雨水会把你浇死的，雪花会把你冻死的。"小家伙心里好难过，他不作声了。他累了，想睡觉了，不一会儿，他就进入了梦乡。

　　有一天，他醒了——他已长出两片叶芽。听见外面鸟声不断，好不热闹，他探出脑袋——多美的景象啊！绿得快要滴油的草，红得像鸡冠一样的花……令他目不暇接。春风姐姐过来告诉他，上面还有更美的景象呢，特别是那彩虹……

　　"我窝在这里干什么？为什么不探出身子到外面看看呢？我要快快长大！"小家伙在心里说。于是，他不停地长，把石缝撑大、撑大、再撑大。

　　由于那个愿望，小家伙不怕暴风雨，不怕强烈的阳光，不怕冰冷的雪花……他终于长成了一棵秀气的小枫树——原来，他是枫树的孩子。

有一天，小枫树看见了一道闪耀着七种美丽色彩的"桥"。问春风姐姐："春风姐姐，这……是彩虹吗？"

"是的，孩子。"他听到春风柔和的声音。

女孩儿的故事

韩怡沁

这已是发生在两个学期前的事了。

那一次，学校要对二年级小同学的词汇量进行考核，检测的任务自然落到了我们这些年龄较大的大哥哥大姐姐身上。班主任老师选了几个成绩较好的同学，我也是其中一个。我们来到了阶梯教室，由另外一位年轻老师培训我们这些"考官"，特别指出了考卷中一个字的读音，这个字在小字典中读前鼻音，在大字典中读后鼻音，我们应以大字典为标准。

下午，我们一个个小考官威风凛凛地坐在位置上。首先是二年一班，一个稚气的男孩儿走到我身旁，开始念，好像错了五六个，得了七十几分。后面又来了几个小同学读得都不是很好。

轮到二年四班了，第一个是个小女孩儿，她的头发卷卷的，扎着一根又细又长的麻花辫，眼睛大大的，笔挺的鼻子下有一张粉色的小嘴。一眼看到她，就觉得她十分伶俐。她走到我身旁，白皙的小手把试卷递了上来，放在我的前面。她开了口，发出黄莺般的动听声音，一字一顿地开始念："橄榄、冰箱……"嘿！她念得真准，一定是班中的尖子生，我心想。读到了那个令我特别注意的词，我心里真为她捏一把汗。很可惜，她读错了，我在那个词上打了个叉。她盯了一会儿那个叉，眉头一皱，眉宇之间透出一种小孩子不应有的神态，着实把我吓了一跳。好一会儿，她才开始往下念。不知怎的，我手心冒出了冷汗。终于念完了，我在试卷上用红笔打了一个大大的九十五分。这是最高分啦！我心想。她呆呆地望着这红色的分数，过了几分钟才拖着沉重的脚步走出考场。我松了口气，继续检测。

当我们在检测最后一个班的时候，那个小女孩儿又迈着轻快的步伐来了。她甜甜地叫了声"大姐姐"，跑到我跟前，对我说："您刚刚在我试卷上打叉的那个词我明明念对了，《新华字典》中就写着前鼻音嘛！"说着，举起手中的字典给我看。我尽量柔和地对她说："这个字呢，应念后鼻音的，大字典上是念后鼻音的，老师还特别指出过。""可是，《新华字典》上明明……"我没理会她，继续检测另一位小男孩儿，她才甩甩辫子，快快而回。

后来，学校组织了值周小队，专门检测各个年级卫生工作、课间操等。我也是其中一个队员，专门检查二年级。这天，我检查完二年级一个班的眼保健操，刚走出教室，一声甜美而又熟悉的声音传入我的耳中："大姐姐！"回头一看，是那个小女孩儿。她又讲起了上次的事："那次是你判断错了……"我竟飞似的逃开了。

第二天，我又碰见了她，她好像专门在等我。"大姐姐，我念的是对的……"搞得我又一次狼狈"逃窜"。

不知怎么了，我这个大姐姐竟开始对她这个小妹妹有些害怕。后来几天的检查，我总是像做贼似的避开她。

我总在暗中对自己说："韩怡沁呀韩怡沁！你是怎么啦？你是按照老师的吩咐去做，又没做错，到底怕什么呀？"可是，第二天去检查，依然心惊胆战。

就这样过了一个学期，我终于不检查二年级了。没想到一次星期六学合唱的时候，我竟又和她不期而遇。"大姐姐，应念前鼻音，我是正确的……"她依然很有礼貌，笑容依然像花一样绽放着，没有丝毫不耐烦，目光中却透着一股坚定的力量。

我不知所措地赶紧向前走。"大姐姐……"她还在呼唤。我的心里乱极了。

后来，我从同学的口中知道了她的小名叫"毛毛"，是练舞蹈的，很倔强，很任性。我倒不觉得，她的倔强和任性应该换一个说法——不屈不挠与自信。正是因为她的不屈不挠与自信才使我感到敬畏！

如今，当我被困难挡住去路，当我被失败的挫折困扰，我的脑海中总会浮现出女孩儿那可爱的身影、恳切的神情、坚定的目光，我总会坚强地站起来，扬起希望的风帆前进。她给我的是巨大的震撼与强大的动力。

向你致敬，小女孩儿！你的故事，将会是我人生中的美好回忆，它将会伴随我度过许多风风雨雨……

110

妈妈，我想劳动

李 琼

妈妈，我想告诉您一句真心话："让我现在开始干一点儿家务活吧！"

您还记得吗？上次学校举行了一次"炒菜"竞赛活动，我给您捧回了一张"炒菜冠军"的奖状。当时，您高兴得不得了，笑得合不拢嘴，脸上的皱纹像绽开的一朵花，还说我有天分，干活不用学也会。唉！妈妈，您以为我受到夸奖很高兴吗？不！我的心里像塞了一块大石头那么难受。

平时，我看见您干什么活都那么有意思，总想试试看，但又不敢。因为每当您看见我干点儿小活的时候，就会把脸拉得老长，并一把夺过去自己干！记得有一次，您加班到很晚，我非常高兴，这正是我练练手艺的好机会。我照着您平时的样子去做饭炒菜。不一会儿，我把饭菜做好了。没想到您回来后看见我洁白的丝绸裙子上溅上了油点，不仅没有夸奖我，反而气冲冲地骂了我一顿。

妈妈，您知道吗？一个好学生不光要学习好，还要德、智、体、美、劳全面发展。其实，有很多知识都是来源于日常生活。我平常不是学习就是玩，总是"衣来伸手，饭来张口"，这样哪能获取更多的知识？例如有一次考试，作文题是《第一次做饭》，而我从没有做过饭，哪能写得出？所以只考了六十多分，回家还挨了您一顿打！唉！妈妈，您就是不理解我，平时，由于很多活我都不会干，所以劳动时，我的每个动作都惹得同学们大笑，还得了个外号"娇小姐"……

妈妈，我知道您望子成龙、望女成凤，但这样的教育方法是不对的！让我现在开始学做一些家务活吧！请您接受我的要求，答应我吧！

尊严

妈妈，给我一点儿空间

钟袁卿

妈妈，您知道吗，这几天我没睡过一次好觉，常常独自流泪。因为您对我的态度，是三百六十度大转弯，彻底改变了。

过去，您是那样和蔼可亲，从来不对我大声呵斥。记得有一回，当我抖着手递给您一张考得很不好的试卷时，您没有打我、骂我，只是皱了皱眉头，说："这次考得不好，以后可要注意了！"我顿时松了一口气。可自从升上六年级后，您变了，变得那样固执，那样不通人情。

那天，我做好了家庭作业和您布置的"小灶"，松了松筋骨，打算到楼下呼吸些新鲜空气，活动活动。可还没跨出门槛，就碰上了您。您一见我就拉长了脸，大声训斥："干吗去？就知道玩，不知道抓紧时间复习！""妈妈，我把作业都做好了，让我出去轻松一下好吗？"我用乞求的眼神盯着您，苦苦地说。可您根本不理会我的心情："什么？出去？快要单元考试了，还有心思去玩？真不求上进。复习功课去！"我只好含着眼泪走进了房间。捧起书，可我怎么也记不住书中的内容！

妈妈，您还记得上星期的数学考试吗？那天我发烧，脑海里好像有一窝蜂在嗡嗡叫，做题时迷迷糊糊的。当我把七十一分的试卷摆在您面前时，您大发雷霆，不但撕了卷子，还打了我，甚至剪去了我非常喜爱的小辫子，当时我的心都碎了。一吃过晚饭，您不管我身体如何，又让我回房间温习功课。

妈妈，我知道，您所做的一切都是为我好，为了我有好成绩，为了我将来有出息。可是，您知道吗，您这样做，伤害了我的自尊心，使我整天处在紧张和痛苦之中。妈妈，给我一点儿空间，给我一片蓝天吧！

妈妈，您听我说

陈　娜

113

妈妈，我多么后悔当初没有把你留住。

那天，我哭得跟泪人儿似的死死拖住你不让你走，但是你却狠心地跳上汽车，去了那遥远的深圳，只剩下我孤零零地站在车站里，望着车子远去的方向⋯⋯

妈妈，我知道你有许多的不愉快，但是你也不能丢下我不管呀，你可知道女儿是多么需要你吗？

每当下雨时，别人的妈妈都送来了伞，他们可以牵着妈妈的手，依偎在妈妈的身边，愉快地离去。这时，我是多么希望你也能为我送伞呀。

每当星期天，别的孩子都有自己的妈妈陪着去儿童乐园玩，玩得是那么开心，那么有意思，可我身边却没有妈妈的影子。这时，我多么希望你出现在我身边……

　　每当我生了病，一个人躺在床上，我就更加想念你，希望你能在我身边，像别的同学的妈妈一样关心我、爱抚我、安慰我……

　　每当同学们说我是个没娘的孩子，我就有说不出的委屈，眼泪"唰唰"地流下来……这时，我多么希望你能奇迹般地出现在我面前，我就可以理直气壮地对同学们说："谁说我是没娘的孩子！看，这就是我妈妈！"

妈妈，请不要这样

王　朝

114

　　我有一个弟弟，妈妈整天把他当作心肝似的捧着。

　　一天晚饭前，正当我们一家人围在饭桌前闲聊时，"饭来了，饭来了……"随着一阵叫喊声，一碗碗拉面出现在每个人的眼前。弟弟站起身，探头睁大眼睛一看，自己的饭碗里只有小半碗拉面，立即跳起来，大声叫道："妈妈，饭怎么这样稠！"妈妈听弟弟这么一喊，也不顾擦一擦两只湿漉漉的手，跑到跟前，摸着弟弟的头，温和地问："我的心肝宝贝，饭不稠，你到底想干什么？""不嘛，我就不吃嘛！"他又摇头又甩胳膊。

　　这时，妈妈细声细语地说："好，好，随你的便。"说完，就"咕咚"一声，把拉面倒入锅里，又重新拉了一碗，急忙送到他跟前。可他还是不吃，对妈妈说："给我一元钱！"妈妈不问三七二十一，就从衣兜里掏出两元钱递给弟弟。他接过钱朝我傲慢地扮了个鬼脸，手一扬："买东西吃去喽！"一溜烟跑开了。

妈妈不但溺爱弟弟，更使我无法理解的是她还迷信。

一天晚上，我刚睡着觉，妈妈急忙把我叫醒，说："王朝，你弟弟发高烧，走，给他看病去，快拿手电给我照路。"我立即随行。

在去医院途中，妈妈指着一家小院，神秘地说："快点儿进去。"

"妈妈，您不是给弟弟看病吗？"

"这里就是'医院'！"妈妈加快脚步，进了一间小屋。

说来真奇怪，那间小屋里烟雾缭绕，大桌子上还立着三根香，说那是求神拜佛用的。

开始"看病"了，妈妈把弟弟放下来，扶着他坐在椅子上，然后跪下来对着三根香磕头，站起来又从衣兜里掏出一包香烟，从中取出两支，递给"法师"，然后退了回来。"法师"对妈妈说："我一定能治好你孩子的病……"这时，她双眼紧闭，两手合拢直打战，天南地北嘀咕了一会儿后，又把嘴对准了妈妈的耳朵，嘟囔了一阵。妈妈连忙把弟弟拖在"法师"跟前，"法师"站起来，吸了一口烟，猛地又吹到弟弟身上，弟弟被吓了一跳……

我真纳闷儿，有病不及时到医院治疗，这样不耽搁了弟弟的病吗？

妈妈啊妈妈，我多么希望您把这些坏毛病都改掉啊！做一个既不溺爱孩子，又不迷信的好妈妈……

老师的绰号

汤 巍

这两天我特别高兴，班里的"包打听"说，我们新来的一位语文老师，姓范。

要问我为啥这么高兴，那是因为我姓汤，很多同学都给我取绰号"汤圆"。我经常埋怨老爸，姓什么都好，为什么姓汤？而新老师还没来，调皮鬼们已经给她起好了绰号——大米饭。哈哈，我要解脱了。

今天，是范老师上的第一堂课。她年轻极了，只有十八九岁，留着齐耳短发，长得挺秀丽。她微笑着走进教室，一眼就看见黑板上的一幅画：正中画着一碗米饭，左边画着一双筷子，右边写着五个斗大的美术字"欢迎大米饭"。范老师先呆了一下，显然意识到了这是我们的恶作剧。她扫视了一下全班同学，笑着说："谢谢同学们给我的见面礼，我姓范，不是米饭的'饭'，而是示范的'范'。"她在黑板上写了一个"范"字，每一笔都写得刚劲有力。我心里暗自赞叹。范老师继续说："此'范'乃模范、楷模的意思，希望今后……"

我心想，还挺机智，不过还得瞧瞧她上课的水平再下结论。

范老师开始讲课了，课文是《十里长街送总理》。她开始讲课时，好些同学在窃笑。可她似乎沉浸在课文的意境中，当讲到周总理的灵车开来，首都人民的心情十分悲痛时，范老师声音颤动着，眼里闪着泪光。我们也被感动了，特别安静，有的同学也流出泪水。

不知不觉，下课铃响了，我们还沉浸在悲痛的情绪之中。范老师感觉到我们心情沉重，大概怕我们的情绪影响上下一节课，于是对我们说："同学们，走！咱们到操场上去玩'贴膏药'的游戏。"同学们欢呼雀跃。只有我独自坐在凳子上，为自己的恶作剧后悔。范老师走到我跟前抚摸着我的头："你叫汤巍吧？你画得很好，'汤'和'饭'是一家，我们交个朋友，好吗？"同学们哄堂大笑，我点点头。她拉着我加入了游戏的行列，我们玩得真开心啊！

我要悄悄地告诉大家一个小秘密：我已经喜欢上这位"饭"老师了。

老师的绝活儿

盛 宁

说起我们的自然老师——汪老师，没有人不佩服她，因为她不仅课讲得好，还有好几手的绝活儿。

汪老师中等个子，瓜子脸，弯弯的眉毛，戴着一副细框眼镜，总爱把头发轻轻地拢作一束系于脑后，看起来满腹经纶的样子。或许，她简单而平凡的外表并不能给你留下太多的记忆，但只要提起她的绝活儿，无人不拍手称好。

汪老师的绝活儿之一就是上课从来不拿书，拿着实验用品就能

尊
严

讲。从不看书，讲起来却总和书上的一样，而且滔滔不绝，绘声绘色，一下就能把同学吸引住。倘若讲到某一重要概念，需要我们背的，她甚至能清楚地告诉你这个概念在书上的第几页第几行，而且从未出过错。

汪老师的绝活儿之二就是画圆不用圆规。因为是自然课，上课总要画圆的形状。每当这时，汪老师总是不慌不忙地捏起一支粉笔，手臂一抡，一个标准的圆立即出现在你的眼前，而且要大可大，要小可小。

最绝的就是汪老师画的实验图。她从来不看书，当大家还在自然书里找得稀里糊涂时，一幅整洁标准的实验图已展现在我们的面前，大到地球上各个国家的名字，小到哪个自然现象产生的位置。这需要多么惊人的记忆力和日积月累的经验呀！那一弯一曲、一点一横又包含着汪老师多少年的心血。

我的老师有绝活儿！

爱，一直在这里

　　也许是我太自私了，想把全家人的爱都据为已有，但这是不对的。他们一直都没变，他们给我的爱一直好好的，就在那儿，等着我发现。

我 的 奶 奶

程 曦

　　我的奶奶今年七十三岁了，可身体却非常硬朗，脸色黑黝黝的，额上布满一道道皱纹，眼睛不大却很有神。我和爸爸的眼睛也都那样，大概是奶奶遗传的吧。奶奶的牙齿少得可怜只剩下四个坚强的大门牙，她一笑或是一咧嘴，我们一家人就大笑不止。

　　奶奶非常勤劳。她每天早上五点半就起床，在我们不知不觉时她已去散过步，回家又做好了丰盛好吃的早餐。奶奶在家一点儿也不闲着，从来不看电视。有时洗一家人的衣服，有时替我整理书房，有时晾晒一家人的被子，有时还把整个房子打扫一遍……我放学回到家，经常见她满头大汗。记得有一次，我见她拿着湿抹布在地板上不断地擦，擦了一遍又一遍，手臂上的血管鼓了起来，一滴滴豆粒大的汗珠，顺着脸颊往下流。我觉得她很累，可她仍蹲着拖了又拖，累了就站起来挺挺身，接着又干了起来。

　　我的奶奶不仅勤劳，生活也非常俭朴。

　　奶奶和我们同桌吃饭，从不浪费，我有时掉在饭桌上的米粒，她都是捏起来吃了。她从来不浪费一点点东西，她洗菜时，在水管上接少半盆水，而且还把这些用过的水反复利用，不是用来浇花就是用来冲刷马桶。她用的东西大都是我们用过的，我们说扔了吧，可她说还能用，扔了可惜。她的毛巾有烂洞，梳子成了一半，眼镜腿上有一道道粘过的痕迹，小毛巾被上有四五个小洞洞。我爸妈给她买了几件衣服，到现在还有四件没穿过，崭新的。她从来不买水果，就算买也只买便宜的，把大的好的给我吃，自己吃烂的小的。

这就是我勤劳俭朴的奶奶。她爱着我们的家，爱着家里的所有人，尤其爱我。我也爱我的奶奶。

老 来 俏

苏 瑾

我的奶奶胖胖的、矮矮的，黑红黑红的脸上，布满了横一道竖一道的皱纹。别看她今年七十多岁了，却比年轻人更会闹，扭秧歌、舞剑、耍扇子、打门球，样样她都爱玩。说到穿衣打扮，奶奶更是九毛加一毛——十毛（时髦）。人家说她"老来俏"，她不恼，还说："不俏白不俏！"

我姑夫的妹妹要结婚，奶奶应邀赴宴。头天晚上，奶奶把大衣柜的衣服都翻了出来，还让我给她当参谋。我帮奶奶选了一件黑大衣，奶奶穿上，在房间里走了几步，又对着镜子转了两圈，说："好是好，就是显得太老气了，也不那么时髦啊……怎么能穿呢……"我听了心想，您这么老了，还要赶什么时髦啊！奶奶脱掉身上的黑大衣，嘴里嘟哝着，把衣柜里所有的衣服都拿了出来，一件一件地试，试到最后，她都没有找到一件中意的。"这咋办？我咋参加人家的婚礼呀！"奶奶发愁了。又过了一会儿，奶奶忽然说："快，去你妈那儿，看有啥好衣服我能穿。"不等奶奶说完，我抢过了话头："奶奶呀奶奶，您多少岁，我妈多少岁，她的衣服您能穿吗？"奶奶眼睛一瞪，有些急了："怎么啦？树再老也要长绿叶呀，总不能都是干树皮吧！"

妈妈听了奶奶的要求，笑着把她衣柜里所有的衣服都拿出来让奶奶挑。奶奶看了一件又一件，终于高兴地叫道："我就穿这件！"我一看，哇，原来是妈妈新买的唐装。奶奶把它穿在身上，嗨，果然好看，奶奶马上显得精神多了。我逗奶奶说："老太婆穿大红大绿的，太扎眼了！"妈妈轻轻地推了我一把："你知道什么呀！妈，您真有眼力，这是今年最流行的唐装。"奶奶在镜子前转着、看着："好看吧？哈哈！""哈哈哈！"我和妈妈大笑起来。奶奶笑得那样开心，好像又回到了年轻时代。

我的"交警"奶奶

朱亦敏

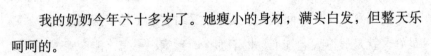

我的奶奶今年六十多岁了。她瘦小的身材，满头白发，但整天乐呵呵的。

几年前，奶奶退休了。本该好好享享清福，过一个快乐、清闲的晚年，可她却不愿意闲着，主动当了一名"义务交警"。

事情是这样的，我家住在十字路口的胡同里，胡同里有所小学，每天都有许多孩子蹦蹦跳跳地穿过马路上学。来来往往的车辆川流不息，孩子们过马路很不安全。奶奶担心孩子们出事，便主动上交警大队报名，领回一面小红旗和一个红袖章，当上了一名名副其实的"义务交警"。

奶奶每天早晨7点不到就去"上班"了。她戴着红袖章，扬着小红旗，指挥着来往的车辆，护送一批批活泼可爱的孩子穿过大街。

晚上，奶奶回到家总喊腰酸背痛，我常常帮她捶背。爸爸妈妈也常劝奶奶，说："妈，您还是别去干了。瞧您，每天起早贪黑，累得直不起腰，图个啥？现在我们条件好了，您就多享受享受吧！"奶奶听了却说："我现在还能动，待在家里没意思，接送孩子们过马路，为社会出点儿力做些好事，我心里也踏实。"一天晚上，奶奶病倒了。家里人劝她明天别再去站岗了，而奶奶却摇了摇头，微微一笑。我灵机一动，偷偷地把她的红袖章藏了起来，心想，奶奶没有了红袖章，就去不成了。

第二天早上，奶奶依旧起得很早。她一边找红袖章一边嘀咕："我的红袖章放哪儿啦？"我躺在床上心里暗暗好笑。可过了一会儿，奶奶带上门出去了。我急忙起来，一看，原来奶奶剪了条红布当红袖章绑在胳臂上，拿着小红旗又上岗去了。

我站在窗台边，望着奶奶那熟悉的背影，仿佛听到了她对过马路孩子们的亲切叮咛声，仿佛看到她扬着小红旗指挥来往车辆的认真劲儿，敬佩之情油然而生。

爷爷的假牙

谭　倩

　　我的爷爷七十多岁，身体特别棒，但是，他的牙齿却不好，尤其是这几年，一颗、两颗……全掉了，成了名副其实的瘪嘴老头儿，一家人都劝他装一口新牙齿，可他就是不肯。最近，倔强的爷爷终于装上了一口新牙，这是为什么呢？

　　为了解开心中的谜，上个星期我专门去了老家看望爷爷。一进门我就追着问爷爷："爷爷，您这回怎么装了一口假牙呀？快让我看看。"爷爷看着我说："小孩子，别管这管那的。"不得到答案，我决不罢休，于是，我就爷爷长爷爷短地绕前绕后，纠缠不休。最后，爷爷实在没办法了，领着我走到厨房，哇，满满一冰箱的丰富菜肴。爷爷说："这么多好吃的东西，我没有一颗牙齿，怎么吃得下呢？"从爷爷的反问中，我已经品味出了一点儿滋味。爷爷又告诉我："我年轻的时候，一口洁白漂亮的牙齿，可它有什么用呢？一点儿好吃的东西都吃不着，真是浪费了它呀！"

　　噢，原来是这么回事。过去和现在可真是不可相比啦。爷爷福气好，几个儿女生活得都不错，特别是叔叔，办起了工厂，当上了老板，生活实在是红红火火，怪不得爷爷总是住在他家，一年连我家也很少来上几回。

看着爷爷满脸的笑，我一定要爷爷到我家住上几天。爷爷无奈，只好一口答应下来，还唠唠叨叨地夸我乖呢！

爷爷的故事

樊　晶

爷爷今年六十八岁，是一个地地道道的庄稼人。由于斗大的字不识一个，他在接受新事物方面，一辈子可没少惹笑话。

听奶奶说，爸爸六岁那年，爸爸的姑姑从省城给爷爷捎来一个手电筒。当时在我们农村，那可真是个稀罕物。爷爷拿在手里，颠来倒去地瞅着，一不小心把它弄亮了。这下爷爷可慌了手脚，匆忙跑到床边，用被子把它蒙住，过一会儿掀开被子发现手电筒还亮着。这一招儿不灵，爷爷又想出了个新招儿。他快步走过去把手电放进水缸里，嘴里还念念有词："这下总算没事啦。"奶奶讲完，乐得合不拢嘴，我笑得两眼直流泪。

我刚止住笑，爸爸又扯起那台早就"退役"的收音机引发的笑话："实行责任制那年底，咱买了台收音机。当时你爷爷手里拿着烟袋，绕着它看了好半天，眼睛瞪着它直发愣，自言自语说：'这玩意儿真神啦，里面装不下人，外面又不用线，那咋又会说又会唱呢？'"

耳听为虚，眼见为实。这几年我可没少看爷爷笑话的"现场直播"。家里刚安装电话不久，爸爸出差从外地给爷爷打来电话。我飞快地把爷爷喊来，只见他用颤抖的左手一把抓住话筒就喊了起来。谁知他把话筒给拿倒啦，根本听不见爸爸说话。爷爷站在电话前干着急，我可是乐得前仰后合。

去年夏天，我家买来一台冰箱，爸爸把西瓜放了进去。等中午爷爷从地里干活回来，妈妈从冰箱里取出西瓜，切下一大块递给爷爷。干了一上午的活，爷爷正渴得要命呢，他捧起西瓜，大大地吃了一口。这下笑话又来啦，只见爷爷半张着嘴，眯着眼，冰凉的西瓜含在嘴里冰得牙难受。吐出来吧，舍不得；咽下去吧，还真难。当时爷爷的表情惹得全家人哈哈大笑，可惜当时没来得及拍下来，否则，保你看了照片笑个够。

社会在进步，时代在发展。我可爱的爷爷还会闹出更多、更令人开心的笑话。

我的爷爷

李　霞

我家有个老寿星，他有一头花白的头发，长长的胡须，像神话故事里的老神仙，他就是我的爷爷。

爷爷的爱好可多了，比如说弹琴、吹笛子、看书报、钓鱼、散步等等，这些都是他最喜欢做的事。爷爷每天都很忙，每天天没亮就出去跑步，早饭以后开始看书报，下午就和朋友们凑到一起，吹拉弹唱，一天都是乐呵呵的。

爷爷有一个毛病，就是睡觉爱打鼾。记得有一次，家里来了客人，半夜的时候，被爷爷的鼾声吓醒了，整晚都没睡好觉。第二天，客人跟爷爷开玩笑："大爷，您真的不是凡人哪，您那鼾声像打雷一般，吓得我一晚上都不敢睡觉。"

其实，我每天夜晚也会被爷爷的鼾声吵醒。我多次"教育"过爷爷，可是，他还是"屡教不改"。

哎！我最亲爱的爷爷，您什么时候能让我好好睡一晚呢？

难忘的生日

李天佑

在我的童年中，过了许多个生日，但我印象最深的，是我九岁的那次生日。

那天早晨，天气晴朗，再加上是我的生日，所以心情格外好。

起床后我穿好衣服，笑嘻嘻地对老爸说："老爸，你知道今天是什么日子吗？""今天不就是周末吗？怎么了？"老爸头也不回地回答道。老爸竟然忘记了我的生日，我就没理他，直接跑到厨房问老妈："妈，你还记得今天是什么日子吗？"老妈说："什么日子啊？噢，对了，今天停水了，咱们就用前两天提的泉水做饭吧。"

原来爸妈根本就没把我的生日当回事！我冲到房间，扑到床上痛哭起来……

"儿子，怎么了？怎么哭了？"妈妈关切地问我。我大声对老妈喊道："哼！你们连我的生日都忘了，还记得什么！""傻儿子！老爸老妈怎么会忘记你的生日呢？我们只是想给你个惊喜，你看，蛋糕都买好了，我还做了你最喜欢的鸡翅，你的好朋友一会儿就到了。"我半信半疑地问："真的？""那当然了！"

果然，不一会儿，我的小伙伴们都来了。妈妈把蛋糕拿了出来，并端出了做好的很多菜。我的小伙伴们也送给了我礼物，我都很喜欢，感动得热泪盈眶。

我知道，这是爸妈给我的爱的惊喜。

我不是胆小鬼

柳星星

我什么都不怕，就怕打针！只要一看见那长长的针头，我就会觉得背脊发凉、冷汗直冒！

课间，我正跟同学玩得开心呢，突然，张涛在教室门口慌里慌张地大叫："惨了！要打针了！"什么！打针？我的心一下子提到了嗓子眼儿。

话音刚落，老师和医生就背着大包来到了我们教室，真的要打针了！那银光闪闪的针头不断在我眼前晃动。我的心好像擂鼓般"咚咚咚"地跳个不停。怎么办呢？看看同学们，有的昂首挺胸，一副"视死如归"的样子；有的用手紧抓着袖子，紧闭着双眼，却大叫着"不痛，不痛，一点儿不痛"；有的在和同桌比谁胆子大……最气人的是杨帆，他一上去就一把挽起了袖子："打吧，我可不像柳星星，胆小鬼一个。"一边说一边还对我挤眉弄眼。打完后，他又得意地走到我面前，盯着我说："喂，柳星星，你敢吗？"我真恨不得在地上找个洞钻进去才好。

这时，胆小鬼王丽也上去了……我想，连王丽都不怕，我为啥怕呢？再说我是班干部，应该带头呀！"我不是胆小鬼！"我对杨帆说，然后装出一点儿也不怕痛的样子，大步走到医生面前，慢慢挽起袖子，转过头，闭紧双眼。"别怕，一点儿也不痛。"医生一边亲切地鼓励我，一边在我要打针的地方挠痒痒。"你骗我干吗？那么长长的针扎进去，怎么能不疼呢！"我心里想。怎么还不给我打针呢，我转过头看医生，却看见医生笑嘻嘻地看着我："已经打完了，你怎么还不下去呀？是还想再打一针吗？""什么？""已经好了？怎么不痛呀？"我惊奇地问。这下子我也神气了，昂首挺胸地走了回来。

当我没有克服心中的"怕"字时，我是无论如何也不敢去试一下的呀！我再也不怕打针了！

小小的奇迹

王海琴

今天，我们班举行了一场紧张而又激烈的"桌上拔河"比赛。

"桌上拔河"比赛你一定没听说过吧？这是一种既有趣又简单的游戏，只要一张课桌和一把直尺就够了。先在桌上画出一条线，把直尺的中心点对准中线。两个同学分立两边，用食指和中指按住直尺的一端，往自己一边拔。只要把直尺全部拔过中线，就算取胜。

我一路过关斩将，几乎没遇上强劲对手就顺利摘取了女队桂冠。男队冠军是袁辛。这时，王老师突发奇想，决定让我们两个冠军来一场"超级争霸战"！教室里一片沸腾。我的天哪！看看袁辛，个儿比我高出一头，身子比我壮实一圈，我是他的对手吗？男生一个个神气十足，似乎不用比赛，胜负已定了。女生毫不示弱，七嘴八舌为我打气鼓劲。"狭路相逢勇者胜！赛场上咱们再论高低！"我憋足了一股劲儿。

老师一声令下，我们开战了。我弓着腰，耸起肩，死死按住直尺，只想把全身力气都凝聚在这两个手指上。我抬头瞟了一眼袁辛，他腰板儿挺得直直的，似乎满不在乎，嘴唇却抿得紧紧的，在暗暗发力呢！我俩不分上下，直尺纹丝不动。突然，我把直尺左右一晃，袁辛反应不及，我趁机拔过来一厘米。初战告捷，我信心大增，又接着发动第二次进攻。可袁辛早有防备，在我晃动直尺之际，他突然加力，反而把直尺又拔回去一厘米。

直尺又回到中线，我不敢轻举安动，袁辛也只守不攻，两边的啦啦队拼命加油，声音震耳欲聋。渐渐的，我的手指一阵阵发麻，呼吸也变粗了，力气快用完了。袁辛呢，我又瞟了他一眼，他的鼻尖上爬着细细的汗珠，手也出汗了，一点儿一点儿顺着直尺悄悄往后滑。机会来了，就看这最后拼死一战了！我又一次发起最猛烈的进攻，把直尺使劲摇晃，边晃边往回拖，毫不松懈。直尺一厘米一厘米艰难地向我这边移动。只剩下一厘米了，女生忍不住欢叫起来，我使出吃奶的力气一拔，直尺终于全部拔过中线。

男生个个像霜打了的茄子，女生则围着我又唱又跳，我甩了甩发红的手指，骄傲地笑了，今天我创造了一个小小的奇迹。

爱，一直在这里

杜　盼

　　我的爸爸妈妈在外地打工，我一直和爷爷奶奶生活在一起。一家人都非常疼爱我、关心我。可是，自从嘟嘟——我的表弟出生后，这一切都变了。

　　有一次，我不小心把手指划破了，痛得哇哇直叫，哭着去找奶奶。正在给嘟嘟换尿布的奶奶只是抬头看了我的伤口一眼，说："这么大的孩子了，受点儿小伤还要哭啊，自己去拿个创可贴贴上就好了。"要是在以前，奶奶一定会抱起我，然后疼爱地给我包扎伤口，还会安慰我好半天，可是现在……

　　这道作业题好难啊，我拿起作业本去找阿姨（嘟嘟的妈妈），阿姨正在给嘟嘟喂奶，说："你自己先去思考一下，一会儿我再告诉你！"我又气又心酸。以前阿姨可不是这样的，她总是耐心地陪着我一起做作业，像妈妈一样温柔。可是现在……

　　因为失落、压抑，我期中考试没有考好。回到家，我低着头自己生闷气，眼泪不听话地一滴一滴流了出来。这时，阿姨过来了，看了我的试卷后，没有批评我，轻声细语地对我说："一次考试没考好没关系，以后上课认真听讲，好好学习。来，咱们一起把问题搞懂，看看你错哪儿了。"我看着阿姨满是爱意的脸，突然感觉幸福又开始光顾我了。

　　我想，以前也许是我太自私了，想把全家人的爱都据为己有，但这是不对的。爷爷奶奶和叔叔阿姨一直都没变，他们给我的爱一直好好的，就在那儿，等着我发现。

　　这时，嘟嘟又开始咯咯地对着我笑了。

妈妈的脸

郭雨涵

　　妈妈的脸，前一秒还晴空万里，下一秒就能乌云密布。

　　"唉，这一次月考的成绩一定不怎么样，刘老师已经说了这次的题目不是一般的难，而且以我平时的水平也只能考九十二分左右，这次看来是没希望了。"我无精打采地对同桌说道。"没事，一切顺其自然吧。"同桌的神情中流露出事不关己的潇洒。

　　唉，同桌又考到班里第三名，他早知道了自己的成绩，难怪这么淡定！

　　我只能眼巴巴地看着他刚发的试卷，眉毛顿时皱成了一个"川"字，目光呆滞，仿佛丢了魂一般。突然，老师念到了我的名字："郭雨涵九十四分。"听到这令人振奋的分数后，我立刻笑容满面地上台领取试卷，同桌嘲笑我说："你真是翻脸比翻书都快呀！"下课后我询问了周围的朋友，发现他们都考得不太理想。我心里暗暗地感叹：考试成绩出来之后，真是几家欢乐几家愁啊！

回到家，妈妈急不可待问："考得怎么样？"我故意说："不怎么样。"妈妈立刻愁云满面，呈现出一副哀其不幸、怒其不争的模样，准备开始教训我。我低着头，将试卷递给了妈妈。妈妈看到了分数，突然欢呼起来，脸上的表情也随之发生了变化。原本皱着的眉头一下子就舒展开了，刚刚铜铃般的眼睛已经眯成了一条线，高兴得不知该怎么来形容，真是翻脸比翻书快啊！

"啵"的一声，妈妈喜悦的吻落在了我惊慌失措的脸上，随之又抛出了一句话："女儿，我为你感到骄傲。"

为自己喝彩

叶 纤

133

"喝彩"，别看它只有两个字，可它的脾气还真有点儿怪！只有付出汗水、勤奋努力的人，才会赢得喝彩。反之，如果懒惰、不求上进，你就永远别想得到它！

我就是一个典型的例子。三年级我刚刚学会写作文，就想一步登天，以为轻轻松松地就能得到喝彩。于是，我从作文书上抄了一篇作文就去参加作文竞赛了，心想，这回我肯定会拿一等奖，我一定能得到喝彩！谁知，过了一两个月，还不见获奖证书"飞"到我的手中，一篇批评稿却摇摇晃晃地"走"来，上面写着："叶纤同学抄袭作文，这种行为应该批评……"这回倒好，喝彩没得到，反而引来同学们的一阵阵讽刺与嘲笑。真是不应该！这次教训让我决定痛改前非，努力写好作文，用努力和汗水赢来喝彩。从此以后，我刻苦学习，积极阅读，巧妙构思，努力写作，做到多学、多读、多想、多写。功夫不负有心人，我的作文水平日益提高，在原来作文的基础上迈上了一个新的台阶。正当我沾沾自喜时，爷爷对我说："你这点儿算什么，比原来好点儿就骄傲，再好也会掉下去，成不了什么大气候。只有勤学苦练、谦虚谨慎才会有作为。"爷爷的话深深地触动了我，我觉得自己真是太经不起成功的考验了。我把爷爷的话记在心里，它永远提醒我要谦虚，要努力，为得到喝彩而加油。

终于盼到了这一天，我又一次参加了作文竞赛。过了半个多月，我又收到了一个沉甸甸的信封，打开一看，不再是批评信了，而是一封红红的获奖证书。上面写道："叶纤同学，你的习作《学煮蛋花》荣获二等奖！……"同学们都围着我转来转去，一个个都为我喝彩。我真是太激动了。

我终于得到喝彩了！我用真实的成绩赢来了同学们的掌声。"我真是太棒了，哈哈！"我终于忍不住大声为自己喝彩。说真的，当时我真有一种自豪感！

难忘的一次考试

刘宇轩

还记得那是三年级下学期的第一次考试。那一天，阳光明媚，万里无云，太阳公公露出了笑脸，小鸟在枝头唱歌，好像在说："一日之计在于晨，一年之计在于春"。我背着书包走在上学的路上，一边走一边唱歌："太阳当空照，花儿对我笑，小鸟说，早早早，你为什么背着小书包。"

来到学校，数学老师说："今天考试！""什么？今天考试？"老师的话犹如晴天霹雳，我可是一点儿准备都没有呀。

第二节课，数学老师果然抱着一大堆卷子走进了教室，真是言出必行呀，我虽然极其不情愿，奈何我一向是一个好学生，必须要听老师的话呢。只能安安稳稳地坐在教室里开始考试。

紧接着，考试开始了，我仔细地读着每一道题目，然后我紧张地一笔一画把答案写上去，过了一会儿我就答完了，开始仔细地检查，不一会儿，下课铃响了，老师收走了我们的卷子。

老师向来都是雷厉风行的，没过多久，他就拿着改完的卷子走进教室说："现在我们来宣读成绩。"我的心都快要悬到嗓子眼儿上了，这时老师念到了我的成绩，高举着卷子叫道："刘宇轩，一百分！""一百分，真的吗？"我内心的忐忑终于平静了下来，但不免有一点儿小激动的呢。

到现在考试越来越多了，但这次考试至今让我难忘不已，我相信好的开头是成功的一半，以后我一定会再接再厉，继续勇争一百的！

她，让我难以忘怀

赵惟渊

关于童年，有许多令人难忘的记忆。最令我难以忘记的，是她。

一次，我和她在公园放风筝，刚放了一会儿，就听见了轰隆隆的打雷声，接着就下起了大雨，我赶紧冒雨往家跑。突然，她从后面拉住了我的衣袖，轻轻地对我说："我有伞，我们可以一起回家。"在回家的路上，我清楚地看见，她总是将伞往我的这个方向倾斜。我到家门口后，全身上下一点儿都没有淋湿，而她的衣服都已经湿了一大半了！我带着歉意对她说："谢谢你送我回家，还害得你淋湿了衣服，太不好意思了。"可是她却笑着对我说："这没有什么的，我们都是好朋友嘛，没关系的。"然后她对我甜甜地笑了一下，就赶忙回自己家了。

当我想起这件事时，我不禁望了望远处的风景，远处的大树仿佛在对我说："认识这样一个朋友，你应该感到很开心吧，毕竟她那么关心你。"小草仿佛在应和着大树，它也微微点头说："你一定要珍惜这份友情哦！"是的，我一定会倍加珍惜我们彼此间最珍贵的友情。

这就是我最难忘的一件事情。哦，对了，忘记告诉大家她的名字了，她叫韩金希，直到现在都是我最好的朋友。

你们身边是否也有一个这样真心对你好，让你难以忘怀的朋友呢？

我的同桌不简单

平　媛

我的同桌呀，可真怪！她不太愿和同学谈笑，总喜欢一个人呆坐着，或捧着一本书，看啊看，像个泥菩萨似的，于是同学们都叫她"书呆子"。

她那双眼睛时常露出淡淡的哀伤。我想她这个年纪应该和我们一样开朗、高兴的，于是我主动与她接触，可她却是爱理不理的，弄得我这个爱说爱笑的人也自认晦气。

可"书呆子"并不简单，第一次省区作文竞赛，我校唯一获奖的竟然是她。我向她表示祝贺，试着和她说话，那次我们居然能攀谈起来。我问起她的父母，她悄悄地跟我说："去年离婚了……我跟着爸爸，爸爸又是残疾人。"从那以后，我有时间总喜欢陪着她和她聊天，想给她那颗受了伤的心带去些安慰。渐渐的，我们成了一对好朋友。

一天傍晚，我看见教室里有个人影，一会儿扫地，一会儿趴在讲台下擦木板，便跑过去一看，原来是我的同桌。我夺下她手中的扫帚说："你记错了，今天不是你值日，我们到外面去玩吧！"可她又夺过扫帚说："你先去吧，我帮他们扫好就过来。"我知道她说一不

137

爱，一直在这里

二，只好陪着她扫，扫完后，我问她为什么。"我原以为这个世上只有爸爸对我好，可是在这里，老师和同学给了我很大帮助，你们都是好人，我应该为大家做点儿事表示感谢。"

我为自己有这么一个好同桌而高兴。

有趣的春节

范 铭

"噼里啪啦……"鞭炮完成了一生想完成的任务：为春节添加欢快的气氛，让春节更加美丽。

关于春节，还有一个故事。以前一到春节，人们就缩在家中，不敢出来。知道这是为什么吗？因为以前有一个可怕的怪物——年兽。只要一到春节，它就会出来寻找人肉吃。人们都很害怕，所以，一到春节，人们都把门窗紧闭，关上灯，让年兽以为家里没人。可是他们觉得这样做，也不是长久之计呀！于是，他们做出了让年兽害怕的东西——鞭炮和对联。从此，这个传说流传开来，就成了春节都放鞭炮、贴对联的原因。

人们为什么过年时要吃香喷喷的饺子呢？妈妈告诉我，因为过年时是冬天，很冷很冷，经常冻耳朵，所以，人们做了一种貌似耳朵的东西——饺子。所以，吃了以后再也不会冻耳朵了。那年春节，我在外面和小朋友们疯玩了一整天，回到家以后感觉耳朵冷冷的，摸一摸还很疼。在春节的钟声刚刚敲响的时候，妈妈给我端来了一大盘色、香、味俱全的饺子。那些饺子，被我一个个地吞到了肚子里，耳朵也暖和了起来。我对妈妈开心地说："妈妈。饺子好好吃哦！我的耳朵也好像不疼了。"妈妈点点头笑了。

春节时，家家户户点上了灯笼，吃上了饺子，小朋友在外面蹦蹦跳跳地放着鞭炮，我不由得感慨道："哇，春节真有趣啊！"

海 南 游

苗 杰

盼望许久的暑假终于来了，爸爸妈妈带我去海南三亚的小姨家玩。

小姨家住得离海边很近。在那里不仅能看到海天一色的美景，还能拾到五颜六色的贝壳。可我最感兴趣的还是赶海挖海蛎子。海蛎子营养丰富，味道鲜美，可好吃了。

一天下午退潮后，我头戴斗笠，左手提着小桶，桶里放把小铲，一蹦一跳地跟着小姨去赶海挖海蛎子。

来到海边，只见海滩上到处是人，大家都在顶着炎炎烈日挖海蛎子。我迫不及待地加入其中。"嚓！"一铲下去，一个黑乎乎的小玩意儿露出来。我一把抓起来，不料那小玩意儿伸出大钳子，张牙舞爪地向我示威，吓得我赶紧松了手，一只小螃蟹掉到沙地上，横着身子"逃跑"了。

我又换了个地方，没有；再换，还是没有。挖来挖去，沙子堆了一堆又一堆，连海蛎子的影也没见着。我有些灰心了，把铲子一扔，心想，这海蛎子还欺生呢！

这时，小姨走到我身边，看看空桶，又看看我，微笑着说："怎么？没挖着？挖海蛎子还有个讲究呢！哪里沙子多，周围水又多，哪里的海蛎子就多。如果看见水里有小水柱冲起来，那里就一定有大海蛎子……"我又鼓起劲儿，照着小姨说的，选了处沙子多的地方挖起来。"啪！"铲子碰到一块硬邦邦的东西，我轻轻铲开沙，一个像贝壳一样的东西露了出来，我捡起来，到海水里洗净一看，呀！真是个大海蛎子。我用手按了按，它的合口处张开了一点儿，还是个活的呢！这下我来了劲头，边挖边嘴里哼着歌，慢慢地，小桶里的海蛎子多起来。

"嗬！你也挖了小半桶了，成绩不错嘛！"小姨提着桶走过来，夸奖了我，"好了，要涨潮了，我们回家吧。"我抬起头，在海天相接的地方只留下几抹艳丽的晚霞，近处，一层层的闪着银光的浪花向岸边涌来。我赶紧提着"战利品"跟着小姨踏上了归途。

难忘的暑假

丁 昊

今年暑假，我回老家陪姥姥。

一天，姥姥带我上山去整理棉花。在山上，我看见了许多城市里看不到的东西，比如说野菊花、山蜗牛、山壁鹿等等。山上的景色很美，娇小美丽的野菊花点缀着山坡，像点点繁星。一排排杨树被风抚摸着，好像在向你招手。柿子树上的柿子还没红，挤挤挨挨地结满了枝头。

到了姥姥的棉花地，我在一棵柿子树下乘凉，姥姥就在那里整理棉花。过了一会儿，我也走进田里帮姥姥的忙，却发现棉花的花里有几只大约十五毫米长的绿色虫子在吃着什么东西。我看了看它们感到很害怕，担心它们会咬人。

姥姥大声喊我，我飞快地跑向她。只见她拿着一只像金龟子一样的虫子和一根小木棒，小木棒插在虫子的头和背之间的细缝里，姥姥用嘴轻轻一吹，那只虫子的翅膀就使劲地扇动。姥姥把它给了我，我看了，浑身发抖，直冒冷汗，哪敢再吹它，一扬手把它扔了出去，可我的心还是咚咚直跳。

又过了一会儿，我感到天闷热极了，但随后就有一阵凉风吹来，非常凉爽。抬头一看，天空中有几朵黑云从北边飘来。姥姥说："快下雨了，我们赶快找个山洞避避雨吧！"我们匆忙找到一个山洞避雨，这时，电闪雷鸣，接着雨点从天而降。雨改变了山林的颜色，近处的树模糊了，远处的山也模糊了，我仿佛看到了一面巨大的帷幕笼罩着大地。阵阵凉风吹来，我不禁打了个寒战。

这种风雨交加的时间持续了大约一个小时才渐渐小了。我也想感受一下雨的洗礼，便跑到石头上去蹚水，脚踩到小石头上痒痒的。不知什么时候，雨停了，山林又变得又清又爽，清新的空气迎面扑来，带着泥土的芳香，还有几朵云在半山腰上飘着。

这个暑假，真让人难忘啊！

爱，一直在这里

因为有梦

    在追梦的途中，我们会遇见无数困难，我们要奋不顾身地为梦想而奋斗，它就像一颗种子，我们要用尽全力给予它营养，让它开花结果。我们要相信这一切都是值得的，终有一天，它会给予我们意想不到的收获。

因为有梦

张婷婷

　　"最初的梦想紧握在手上，最想要去的地方，怎么能在半路就返航。最初的梦想，绝对会到达……"

　　每当听到这首《最初的梦想》，心中就涌起许多感想。梦想一词，包含了我们多少的期望。每个人都有属于自己的梦，有的梦很高大，有的梦看似微不足道，却是要用生命去实现。

　　夜晚，躺在床上，望着窗外的天空，黑漆漆的一片，看不见星星，月光暗淡，仿佛也迷失了前进的方向。心情复杂，心中难免些疲倦，有些迷茫，有些希望，当耳边又响起范玮琪《最初的梦想》，心被触动，陷入沉思。

　　每个人也许都会在胜利后有一些骄傲，当陷入迷茫，便越陷越深，于是最初的梦想也会坠落。但我们不能眼看着自己颓废，每个人都有不可估量的潜力，我们要把最初的梦想挽救回来。

　　在追梦的途中，我们会遇见无数困难，我们要奋不顾身地为梦想而奋斗，它就像一颗种子，我们要用尽全力给予它营养，让它开花结果。我们要相信这一切都是值得的，终有一天，它会给予我们意想不到的收获。

　　梦想在很多人看来仅仅是一个名词，梦想可以有很多，随着年龄的增长一直在换，但始终不要忘记你最初的梦想是什么，你最初想要去的地方是哪里。

不忘初心，努力奔跑，一定会达到终点，实现自己的梦想。

因为有梦，所以坚持。

我是小小工程师

孙佳佳

从小，我就特别爱琢磨，经常会有各种各样的小发明，让大家赞叹不已。

前几天，我帮妈妈给花浇水。刚给那盆吊兰浇了半壶，水就从花盆底部淌了出来。怎么回事呢？妈妈说："这盆吊兰的根须太发达了，浇上水就流出来了。不浇吧，不过几天花就会干枯。"

这可是个难题。我左思右想，总想不出个两全其美的办法来。

晚上，我在电视上看到"农技之窗"里介绍的"滴灌工程"。这"滴灌"多像给病人打的点滴呀。看着看着，我心中一亮，为什么不给吊兰也建个"滴灌工程"呢？

对，就用输液器做一套"滴灌工程"。首先，我把家里废旧的输液器找出来，用水洗干净，再给里面装满清水。我一只手举着水瓶，另一只手把针头对准花盆，打开开关，细细的水流渗进了土壤里，这样，肯定不会再从盆底跑水了。哈！问题解决！我的高兴劲儿就别提了。

可是，不一会儿，我的胳膊就开始发酸了。这样一直举着可不是长久之计。我又想起医生给病人输液时都是用钩子把瓶子挂起来，用胶布粘紧针头的。

我放下输液器，找来一个铁钉用钳子做成"丁"字形。把铁钉的一头打入窗户上的小孔里，再把水瓶挂上去。然后给花盆里插上一根小木棍，再用胶布把针头固定在木棍上。然后揭开输液器后盖，给输液器添满水，打开开关，水就流出来了。

"噢！成功了！成功了！"我高兴地喊了起来。我设计的"滴灌工程"，减少了很多麻烦，妈妈不住地夸我聪明，我真高兴。

我的"八字牙"

李林蔓

很小的时候，我是一个爱笑的女孩儿。但自从我失去了大门牙以后，就好像变了个人，性格变得内向起来。

"哎呀，李林蔓，你的牙齿真好看啊，掉了牙的地方像一个梯形，以后叫你'八字牙'吧！"一个同学捂住嘴巴大笑着。还不明白情况的我开着玩笑说："哪里哪里。"那时候，我并没有想到他们会把这当作笑话，但是一传十、十传百，不一会儿，全班都知道这个"秘密"，就连老师看到我都笑得合不拢嘴。我闷闷不乐地回到家，向妈妈倾诉苦恼。那时，没人意识到这样一个玩笑对一个刚上三年级的小孩儿伤害有多严重。

"孩子，不要在意别人的嘲笑，把那些嘲讽化为你前进的动力，以后的你会感谢现在奋斗的自己。"妈妈安慰我说。而那时我并不知道这是什么意思，只是懵懂地去做。于是我拖着比我个子还大的琵琶去琴行，可没想到这一去就是五年。

在琴行，都是比我大的哥哥姐姐，我在那里总感觉不自在。一个小孩儿一般跟一群大哥哥大姐姐是不合群的，何况是一个说话漏风、性格内向的小丫头！于是，在别人练习的时候我努力地弹，别人休息的时候我练得更用心。就这样不知不觉地坚持了几个春秋。渐渐的，我走出了阴影，蜕变成一个活泼外向的女孩儿。

现在，我不得不感谢可爱的大门牙，虽然给我带来了许多麻烦，但也是它让我明白了什么是破茧成蝶。在以后的日子里，我一定好好努力来感谢我的"八字牙"！

147

师 生 情

赵雅茹

在我的记忆深处，有这样一位老师，她如天使般守护着我的童年，如蜡烛，燃烧着自己的青春，照亮了我们前进的道路；如钥匙，帮我打开知识的大门；如粉笔，书写着我们的成长。她就是我们的林老师。

那是我上一年级的时候，正是春季，所以流感比较严重，班里好几个同学都感冒了，我也很倒霉，感冒最严重。在林老师的课上，我不停地打喷嚏，我很怕影响老师讲课，然而，喷嚏说来就来，一个接着一个，怎么也管不住。

下课后，我经过食堂时，遇见了林老师。我的目光被老师手中提着的大袋子吸引了过去，仔细一看，原来是一大袋纸巾。林老师缓缓向我走来，轻轻地喊我："雅茹，我看到好几个同学上课都不停打喷嚏，可能是感冒了。你把纸巾拿给大家。"哦，原来如此，林老师的心里深深牵挂着我们。我在心底想：这何止是一包纸巾？这是老师对我们深深的爱啊！我的感冒好像马上就好了，蹦蹦跳跳地往教室跑去。"慢点儿！小心看着点儿路！"林老师温柔地叮咛远远地从身后飘来。

事情已经过去好久了，现在想起来心里还是美好如初。

像这类事情还有很多。林老师，我爱您！

148

一堂特别的作文课

任晓明

怎么回事？上课铃响过五分钟了，张老师还没来，他一向都很准时的呀！

再看看同学们，有的向外张望着，有的呆呆愣着出神，有的翻着课本，有的在纸上乱画着，还有的捣蛋鬼在教室里穿来穿去，甚至跑到讲台前做鬼脸，逗得同学们大笑不止。

突然，走廊里响起了脚步声。大家顿时安静下来，目光不约而同

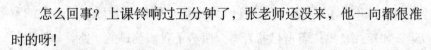

地投向门口。脚步声越来越近，最后停在了门口。

大家一看，原来是班上的一个捣蛋鬼在搞恶作剧，他偷偷从后门溜出去，模仿老师的脚步。大摇大摆地走进教室："怎么？我不在就大闹天宫啦！给我罚抄第十课，抄五十遍！"同学们立刻笑得前俯后仰。

经他这么一闹，教室里更乱了。女同学们围在一起聊天，男同学更不用说了，打架的打架，讲笑话的讲笑话，还有几个"时尚歌手"，组成了一个"合唱队"，在教室里大卖歌喉。天啊，这是不是课堂啊？分明像个菜市场！

"老师来了！"不知是谁叫了一声，教室里立刻安静了下来。走离座位的同学，箭一般地跑回自己的座位；一个调皮鬼慌乱中弄翻了凳子，摔了个仰面朝天；动作快的回到座位后立即拿起书本装模作样读起来，把书都拿倒了……

张老师走上讲台，在黑板上写了几个字，说："这就是我们今天要写的作文！"大家一看，黑板上工工整整写着"当老师不在的时候"。

大家一下子明白了，原来张老师这次"迟到"是"别有用心"啊！

严师慈母

李 娟

吃好午饭，班主任姜老师照例安排我们午睡，她看了看手表说："现在12点，同学们在各自的课桌上休息二十分钟，把眼睛都闭上。

好，现在开始！"随即，我们都把两手平放在课桌上，有的枕着书，有的枕着铅笔盒，闭上了眼睛……

其实好多同学是睡不着的，姜老师也知道我们仅仅是闭上眼睛，但她说："闭目养神也是一种休息。"是呀，中午闭上一会儿眼睛，下午上课时就能精神抖擞，还挺有效呢。

我们常常偷偷地睁开眼睛，或者把眼睛睁开一条缝，这时，总能看到在讲台上的一幕情景：此刻，姜老师戴上眼镜，放弃了她的午休，一边督促我们午睡，一边批改着我们的作业。

姜老师五十岁了，比我们的妈妈年龄要大得多。她那双明亮有神的眼睛里流露出对每一个同学的关切之情。她平时抓我们的学习很"凶"，然而，她也很关心我们的健康，告诉我们要劳逸结合，尤其把每一天午睡作为她的一件"大事"来抓。用姜老师的话说："这是保护大脑不致过度疲劳的最佳方法。"她是严师，又是慈母。

记得有一天中午，我们像往常一样，趴在课桌上"闭目养神"。过了一会儿，我偷偷睁开一只眼，朝讲台上望去——啊，姜老师也睡着了！她趴在讲台上，眼镜搁在一厚沓作业本上，红色的圆珠笔却紧紧地握在她的手中。

我抬起头来，朝左右望望，只见好多同学都"醒"了，然而都默不出声。没有一个同学说话，生怕会吵醒老师。整个教室鸦雀无声。大家也许在想：老师太累了，让她多睡一会儿……

突然"咣"的一声打破了沉寂，不知哪位同学不小心把铅笔盒碰掉在地上，惊醒了姜老师，她蓦地挺了挺背脊。这时我发现，她的脸通红通红，额头上渗出了细细的汗珠。我想，此刻姜老师的脸颊一定很烫很烫，也许正在发烧呢。

"同学们，"姜老师看了看手表，对我们说，"还有五分钟，准备上课……"

下午的上课铃声响了，我们坐直了身子，姜老师又抖擞起精神来，她那清脆的朗读声在教室里回响……

我的老师

丁丹丹

　　她，中等身材，乌黑的头发下面一双炯炯有神的眼睛，圆圆的脸，慈祥的面孔，举手投足中透露出成熟及干练的韵味。最让我们佩服的是她讲的课。她讲课口齿伶俐，娓娓动听，她像一架播种机，不断在我们心田上播下知识的种子。

　　一个春光明媚的星期天，我和白洁到她家里去问几道题。走在路上，我的心像揣了一只兔子一样跳得厉害。要知道，我向来都是很害怕老师的。到了她家，老师看到我们来了，急忙热情地把我们迎进屋里。当我们把来意一说时，她高兴地说："我最喜欢爱问问题的学生了。"于是，她坐下来耐心仔细地讲解，一遍，二遍……直到我们把这些题弄懂了做会了她才罢休。她还和我们叙家常，说说笑笑，完全失去了平日讲课的严肃态度。我一点儿也不怕她了，反倒把她当作自己的知心朋友。

　　作为毕业班的同学，深知毕业班老师的辛苦。看着那刻印得整整齐齐的一沓沓试卷，看着办公室中最迟熄灭的灯光，看着那伴着暮色归去的身影，我一次又一次想真挚地说："谢谢老师！"

　　是您，把深奥的知识传给了我，带着我在知识的海洋里遨游。您的谆谆教导，帮我改掉了毛病。不管是现在，还是将来，您给我留下

151

因为有梦

的印象都是难以磨灭的。您是我印象最深的一位老师。

写到这里，你一定会问："她是谁呀？"她就是我们的数学老师——许敏老师。

老　慢

齐向真

我有个外号——"老慢"。

在家里，爷爷奶奶、爸爸妈妈说我慢，在学校同学们说我慢，就连上公共汽车也能听到后面的叔叔阿姨说："快点儿、快点儿！"这两个字不知每天能听多少遍。"快点儿、快点儿！"就像我的影子一样，一刻不离。

早上起床慢，穿衣裳慢，上学走路慢，上课写字慢，答卷慢……无论干什么总是比别人慢半拍。爸爸说我从早到晚就干一件快事，那就是睡觉。可我觉得"慢"并不是什么大不了的事情，做事慢一些比别人更稳当，总比毛毛躁躁好吧。

爸爸妈妈绞尽脑汁让我做事快点儿，老师也想方设法让我改掉慢的缺点，可我总是我行我素。慢有什么大不了的？考试时，别的同学提前答完有时间检查，我虽没有时间检查却能稳稳地把卷子答完，成绩也不比别人差。

然而，有一件事终于使我认识到了"慢"是我的大缺点。而且，我从认识到逐步克服经历了近半年时间。

我家原来住在学校附近，从家到学校最慢不过四五分钟。去年八月份，我家搬到了开发区里，那儿刚建不久，附近没有学校，我还得在原来的学校上学。通常坐公交吧，上学放学是乘车高峰。我面对高大如林的成年人，在车上都快给挤扁了。所以爸爸每天都用自行车带我去上学。我每天早上5点起床，半小时预习功课，剩下的时间就洗、刷、穿、吃。7点准时出发。早晨的时间太珍贵了，是用分和秒来计算的。我这老慢在每天这个时段的"慢"也表现得淋漓尽致。6点至7点的事总是做不完。稳稳当当开局，毛毛躁躁收场，常常是丢三落四。7点钟要准时出发，可几乎每天都得晚上几分钟。所以，这得让我那身强力壮的爸爸在车速上找补了。爸爸总是不让我迟到，以免给班级扣分。

去年入冬的一天，早上特别冷。"快点儿，快点儿。"都7点多了，爸爸催着。我走出家门已经7点10分了。爸爸奋力地蹬着自行车，还不断地抬起手腕来看表，同时还不断地咳嗽着。终于到了学校门口，我下了自行车，看到爸爸满头大汗，气喘吁吁，脸色难看，我心里很难受。爸爸说："快点儿进学校。"接着又是一串咳嗽。我一句话也说不出来，一步一回头地向教室里走去，心里很不是滋味，眼泪不住地往下流。当我刚走入教室时，上课铃就响了。

我终于认识到了"慢"是个缺点，也勇敢地和它面对了，在家长、老师、同学的帮助下，我开始一步步地克服它。要知道办一件事快点儿并不难，可是每件事都快上一两分不乱才怪呢。开始是想快，可越快越乱，越乱越慢。不过我还是一点儿一点儿地快起来了。经过近半年的艰苦努力，我每天早上的程序不变，却能在6点50分从家出发，自己步行十几分钟，爸爸骑车再追上来。既锻炼了自己的身体，又节省了爸爸的体力。

缺点人人都会有，或多、或少、或大、或小，只要我们勇敢地与它面对，想方设法去改掉它，人就能日臻完美。

做最好的自己

田 露

许多人往往认为自己不如别人，就想模仿别人。其实仔细想想，自己并没有那么差呀！

在三年级的时候，我的任课老师正巧是姐姐三四年级时候的老师。

因此，老师常告诉我，姐姐是多么优秀，要我多加点儿油。我觉得压力好大。

为了达到姐姐的标准，我每天利用下课时间看书，不但失去了许多和同学相处的时间，更因为姐姐优异的表现，让我对自己越来越没有信心。因此，每次当我完成书法或是美劳作品后，尽管大家都说不错，我却认为还是没有姐姐的好。

很长时间，我无法突破自己的心理障碍，对书法和美劳便越来越不感兴趣。升上了四年级以后，原本以为终于可以喘一口气了。没想到，姐姐竟然表现越来越出色，于是更加显出我的平凡。其实我也想卖力地好好表现一番，却经常把事情搞砸了。因此，只要到了下课时间，我就尽量避免靠近老师的座位。因为我怕姐姐的表现好，一次又一次化成老师训人的话，变成我心底的压力。

现在我五年级了，我又很"幸运"地和姐姐同一个老师。当老师一说到姐姐的"光荣事迹"时，同学们就纷纷把目光投向我，每当这时，我好想大声地向每一个人说："请注意我，我有我的优点，请让我有表现的空间。"

其实，在家里，我常常能得到较多的掌声。虽然姐姐在课业方面的表现比我强，然而我在做家事方面却很细心。

现在，我明白了，每个人都是独一无二的，我要做最好的自己。

"福尔摩斯"寻笔记

刘 翁

"我的钢笔不见了，有谁看见我的钢笔了吗？"张灼焦急的声音凸显在同学们的笑闹声中。只见他失望而无奈地望着四周，眼睛里已蕴满了泪水，显露出一种无助的神情。

离上课还有很长时间，我赶忙帮着寻找。但忙活了半天，连笔的影子也没有见着。就在我们一筹莫展之际，班长胡新星提议："我们共同寻找线索，当一回'福尔摩斯'，怎么样？"

我立即召集了几个要好的同学，经过一番筹划，大家立即行动起来。

然而，几经"奋战"，张灼那支心爱的钢笔依然踪迹全无。

看来我们只好出此下策——翻别人的抽屉了。

就在我们一个座位一个座位小心翼翼地翻找着的时候，张灼兴奋地叫了起来："找到了！找到了！"大家围过去一看，这不是黎力的座位吗？张灼的钢笔怎么会在这儿？大家疑惑地相互看着。就在这个时候，黎力走了进来，当他得知张灼的钢笔不见了，又在他的抽屉里找到时，就生气地说："你们怎么能这样！这支笔是我的！""什么？这是你的笔？明明是我妈妈送我的生日礼物，上面还刻着我的名字……""真的有名字吗？"我急忙拿过去一看，并没有看到钢笔上写着的名字，看到的却是黎力满脸的愤怒："张灼，你的钢笔不是借给你表哥了吗？"张灼一拍脑壳，不好意思地低下了头，连忙向黎力道歉。

唉，再看我们这群"福尔摩斯"，一个个没精打采地耷拉着脑袋，灰溜溜地回到了各自的座位上。

化 装 舞 会

张泽玮

有一年冬天，一只饿得饥肠辘辘的大灰狼在雪地上找吃的。可是，茫茫的大雪中，什么吃的都没有，他想起去年圣诞节吃的火鸡和鸡尾酒，口水流了出来。

突然，他发现一片树叶，这是一张请帖，上面写着："今年的化装舞会就在森林广场举行，请可爱的小动物来参加这次舞会。"大灰狼想，那里一定有很多好吃的，他也要去。于是，大灰狼把自己打扮成了一只老山羊，趁没有人注意他的时候，偷偷地溜了进去。

第一个活动是跳舞，小动物们开始了精彩的表演。大灰狼对舞蹈不感兴趣，他的肚子正在"咕咕"叫呢，他走到一个没人注意的饭桌上大口大口地吃了起来。

不一会儿，小鸡走过来了，大灰狼看见了，心想：好肥的鸡呀，可以当作早餐吃呢。小鸡扑闪了一下翅膀说："山羊先生，听人说你是个书法家，你可以教我写字吗"？"山羊"咳了两声说："当然没有问题。"小鸡高兴地离开了。

不一会儿小乌龟挪了过来，大灰狼还在吃东西。小乌龟对他说："山羊先生，人们都说你的画可好看了，你可以教我画画吗？""山羊"又咳了两声说："当然可以。"小乌龟也慢吞吞地挪开了。

大灰狼还在吃东西，吃得浑身都是油。

晚会结束了，动物们开始卸装。袋鼠把衣服脱了，原来是一只小白兔；大狗熊把壳脱下来，原来是只大乌龟……动物们都把装卸完了，就剩下山羊先生，动物们猜来猜去猜不到他是什么，一个个大声嚷嚷着让他脱掉面具。

"山羊"先生狼狈极了，趁大家不注意，一下蹿了出去，消失在山林中，大尾巴在地上扫起了一路烟尘。大伙儿都惊呆了，原来他是一只大灰狼！

157

兔子奋斗记

郭子瑜

海边的森林中住着兔妈妈一家人。

有一天，兔妈妈给三个孩子每人一百元钱，叫他们独自生活，各自创业。

老大叫乖乖，老实本分；老二灵灵，爱动脑筋；老三美美，漂亮爱打扮。三只小兔拿着一百元钱，各自创业去了。

乖乖来到山下找了一处平坦又肥沃的土地，决定开垦种地。她来到热闹的集市看到有一家铺子在卖农作物，大声喊："你好，请问一下，有没有萝卜种子？""呀呀，来了。萝卜的种子？有有有，您这边来。"小狗连忙招呼乖乖来到萝卜的柜台。"您要哪一种？快速生长的，结果多的……您要？"乖乖思索了一下说："要普通的，再给我拿些肥料之类的东西。""好！"小狗急急忙忙地去找这些东西。乖乖背着一大包东西回到山上，盖起了房子，开垦了好多荒地，从此有吃有喝。

灵灵来到百货商店，买了一只橡皮艇、渔网、鱼饵、鱼缸……买足了东西，打算周游世界。他乘上了皮艇，缓缓离开了港湾，在大海中漂流。白天他以打鱼为生，晚上彻夜不眠，生怕被大海吃进肚子里。走遍了世界的大江南北，游赏了水平如镜的西湖，登上了万里长城，爬上了埃菲尔铁塔，还娶了一只外国兔子。

美美的梦想是当一名模特。所以她离开家后，来到了动物界有名的模特公司，评委看美美长相甜美，身材也十分不错，就毫不犹豫地收了她。可是进入公司要交一百元。美美为了出名，心想：一百元交了吧，以后出名了，赚更多的钱。后来，经过了艰苦的训练，美美一举成名。

三年后，乖乖扛着一袋可口的萝卜回到家。兔妈妈笑嘻嘻地说："好儿子，知道孝顺妈妈了。"灵灵带着外国媳妇上门了，兔妈妈兴奋地说："哎哟，看这丫头长得多俊俏呀！"美美身后跟着一大堆助理。美美招了招手，助理就把人参之类的补品摆在了桌上。

兔妈妈的眼睛眯成了一条缝，她竖起了大拇指："孩子们，你们可真棒！"

星星的悄悄话

孙一嘉

安静的夜空，星星像无数颗珍珠撒在玉盘里。

豆豆坐在嫩绿的草地上，指着天空数星星。他看见星星张着嘴，好像在说悄悄话。

豆豆侧耳一听，原来星星在说谁发的光最亮呢！

一颗大星星说："看，我又大又圆，我发的光是最亮的。"另一颗星星不甘示弱地说："你骗人，虽然你又大又圆，可是你发的光可不一定是最亮的。我虽然小，但能聚光，所以我发的光是最亮的。"其他的星星听了，都争先恐后说自己发的光是最亮的。

星星的话，把做着美梦的月亮吵醒了，月亮揉揉眼睛说："你们知道大地的夜晚为什么这么亮吗？"星星们都摇头说："我们不知道。"月亮微笑着说："因为你们的光聚集到一起，大地才变得这般亮了，如果只有孤单的一颗星星，大地怎么会这么亮呢！"星星们想："也对呀，如果我们不团结，只有自己发光，大地妈妈就不会变得年轻，就不能穿上银色的纱裙了！"

从此，星星们再也不争论谁是最亮的了，它们一心一意地散发着光芒，让大地妈妈更漂亮。

159

因为有梦

难忘的大西北之旅

程　刚

　　今年的暑假，爸爸开车带着我和妈妈来了一次难忘的自驾游。我们先后去了风景如画的青海湖、美丽的茶卡盐湖、历史悠久的敦煌、神奇的鸣沙山月牙泉，其中我印象最深的是"天空之境"——茶卡盐湖。

　　以前，我见过冰雕、沙雕，可没见过盐雕，今天终于在茶卡盐湖见到了盐雕。一路上，坐在小火车上远远地望过去，一座座洁白无瑕的盐雕高高地耸立着，有的像奔驰的骏马，有的像沉思的老者，有的像舞动的飞天……

　　来到了茶卡盐湖，如同来到了仙境一般。盐湖真大啊，湛蓝的天空澄澈透明，洁白的云朵仿佛一碰即碎，它们倒映在湖水中，真是一面硕大的"天空之境"。盐湖的水真清啊，白花花的盐躺在湖底，可以看得一清二楚。盐湖的水真咸啊，我用手指蘸了一点儿湖水放进嘴里，咸得我直把眉毛拧成了麻花。盐湖的水真浅啊，赤着脚在湖里走来走去，湖水最深也不过到我的膝盖。我想，如果盐湖的水深一点儿，会不会也像死海一样，让人们浮在湖面上看书呢？

　　茶卡盐湖驰名中外，游客自然就多。大家都会迫不及待地来到湖中，我和姐姐打起了水仗，弄得湖水满身都是，干了之后，衣服就变得硬邦邦的了，嘴上也是白色的盐花。除了欣赏风景，人们最乐意的就是拍照留念了，瞧，有的在拍甜蜜的婚纱照，有的正穿着鲜艳的衣服摆造型呢！

茶卡盐湖不但是一个著名的景点，也是一个名副其实的聚宝盆，据说这里的盐可供全国人民吃七十五年呢！

茶卡盐湖真美丽！

一次奇妙的旅行

葛　阳

夜幕初垂，我在床上仰望天空，深蓝色的空中，小星星们眨着无比美丽的大眼睛，一闪一闪，无比可爱，把天空点缀得无比纯净。

就在这时，天空中闪过一道光芒，我慢慢睁开眼睛，原来是一个崭新的UFO，我好奇地打开窗户，一股神奇力量把我带了上去。当我再一次打开眼睛时，我发现我又来到了另一个地方，原来我来到了未来。

只见一位机器人走来，问我要不要去银河饭店吃饭，我同意了，跟着它来到了这家饭馆。哇，服务员都是机器人，楼房都是UFO，大街道上人流如潮。我拿起勺子，想大口大口地吃。但是这时，闹钟铃响了，唉！真是关键时刻掉链子，我非常生气，便埋怨起来："真讨厌！"

虽然这是一个梦，但是我要好好学习，相信未来会更加美好。我相信这次奇妙的旅行一定会实现的！

想看见您的笑

元国翡

想看见您的笑，地球母亲。

以前啊，人们尊重您，爱护您，呵护您，为您增添生机，增添绿色，植树造林，让沙尘暴不再将您的"汗毛"和"皮肤"破坏，让所有的沙漠都变成一个个绿洲……那时的您笑得那样灿烂。

后来啊，人类越来越聪明，人类科技也越来越发达，我们为了科技更发达，肆意地毁林开荒、取土、挖沙、采石、开矿……让绿色的您变得一片荒芜。您哭得是那么伤心，哭干了河，哭干了海……

现在呢，我们只想让您再笑一次，再现往日的辉煌。我们为了让您再笑一次成立了《中华人民共和国水土保持法》。您看到了吗？我们为了让您再笑一次植树造林，以增加植被。您都看到了吗？我们为了让您再笑一次开始节约用水，保护我们珍贵的水资源。这些，您都看到了吗？

想看见您的笑，地球母亲。不是我想看见您的笑，而是所有人都想看见您的笑！

老师不在的时候

吴谷丰

语文老师的课刚上到了一半，他突然拍了拍脑门儿，好像想起了什么似的，急匆匆地向操场走去。

不知谁叫了一声："老师去开会了吧？"大家明白了，老师不在，可以尽情地玩了！教室里这锅水像烧开了似的：茅拿着两支笔，用力地弹，发出巨大的声音；凡老是走来走去，拿着玩具到处炫耀，让人觉得他家很有钱的样子；鹏拿着一本漫画，张着嘴巴一直笑个不停……而班长呢，却一边拿着笔一边解老师另外给他布置的数学题，丝毫顾不上我们。于是，教室里闹得更加厉害了。

过了一会儿，"捣蛋肖"恶作剧地把头伸到窗外，立刻又收回来，大叫道："老师来了，老师来了！""嗒嗒嗒……"脚步声越来越近了，吓得大家把自己正在玩的东西迅速收起来，回到座位，把已准备好的语文课本拿出来，坐得端端正正。这时，只见一个别班的同学匆匆走过教室外的走廊。"吓死我了，真是有惊无险呀！"同学们松了一口气，教室里又变得吵吵闹闹。

刚过了一会儿，走廊里又来了一阵脚步声。"看门林"急促地说："老师来了！老师来了！"宁可错逃千次，也不可被抓一次。同学们手忙脚乱地将玩具、课外书等都收了起来。这要被老师发现，叫大家抄作业十遍，或被老师发"校讯通"，回家还不得吃一顿"炒肉片"？

我们摆好了姿势，等待老师到来。进来的果然是语文老师。看到老师来到教室时满意地点了点头，我的心底却忽然沉甸甸的……

我家的艺术品

陈长盛

164

我家有一幅不知名的油画，是2006年爸爸的一个老朋友送的。每当我身心疲惫之时，抬一抬头，看看这幅画，我就倍感舒畅。

这幅油画虽不大，内容却并不单调。火红色、碧绿色、银白色、金黄色……融汇在一起，给人的不是混乱淆杂，而是一种亦真亦幻、悠远奇丽的享受。

葱葱郁郁的杨树交织在一起，重叠在一起，倚靠在一起，编成一件碧绿的披风，飘扬在微微晨风中，又像手牵手的一家三口，开心地笑着。每一片叶子，都是青春的笑脸；每一根枝丫，都是伸展的双臂；每一段树干，都是挺拔的身躯。这时，一股涓涓细流涌来，渐渐变大，成了一条蜿蜒的小溪，像一个活泼可爱的孩子，欢欢快快地向远方奔跑着，蹦跳着。每一滴水都在欢笑，仔细一看，潺潺的小溪里隐隐约约印下了蓝白相间的天空。远处，屹立着一座高峻巍峨的雪山，仿佛是一把直刺青天的利剑，银辉闪闪，像要把天捅破了一般，悠悠晃晃的白云懒洋洋地躺在雪山脊梁上。最奇特的是阳光，一缕一缕阳光洒下来，缀在大地上，把雪山顶映红了，像小时候过节时老家的抹了红糖的馒头；把树干映红了，像挂上红袍的元帅；把白云映红了，像屋梁上挂着的喜糖；把小溪映红了，像毛茸茸的红围巾。一朵朵黄花生长在小溪边，仿佛是夜空的小星星，虽没有牡丹"爽意东风乡土暖，天香国色最宜人"的倾城容颜，虽没有水仙"凌波仙子生尘袜，水上轻盈步微月"的优美舞姿，虽没有荷花"接天莲叶无穷碧，映日荷花别样红"的动人娇美，却处处流露出活力与生机。

看着这幅画，不单单把它当作画了。闭上双眼，想象一下，你躺在绿油油的草地上，眼前是一条哗哗流淌的小溪，身旁是星星点点的小花和飞舞的蝴蝶，头上是悠闲自在的白云，这时和好朋友一边唱着自己最爱的歌，一边穿梭在树木丰茂的森林，没有压力，没有负担，没有忧愁，那该多惬意呀！我想，它虽然没有达·芬奇《蒙娜丽莎》那神秘动人的微笑，没有徐悲鸿《奔马图》的壮观气势，没有齐白石《百虾图》的惟妙惟肖，却体现了大自然纯正的原始之美。我不认为它是绝世之作，只希望它可以每天让我一饱眼福。

所以，我爱这幅画。

因为有梦